LOGIQUE

Anthropologie du point de vue pragmatique, traduction M. Foucault.

Le conflit des facultés en trois sections (1798), traduction J. Gibelin.

Considérations sur l'optimisme, traduction P. Festugière.

Critique de la faculté de juger, introduction, traduction, notes et index A. Philonenko.

Dissertation de 1770, texte latin, introduction et traduction A. Pelletier.

Doctrine du droit. Métaphysique des mœurs, première partie, traduction et notes A. Philonenko.

Doctrine de la vertu. Métaphysique des mœurs, deuxième partie, traduction et notes A. Philonenko.

Essai pour introduire en philosophie le concept de grandeur négative, introduction G. Canguilhem, traduction et notes R. Kempf.

Fondements de la métaphysique des mœurs, traduction V. Delbos, introduction et notes A. Philonenko.

Histoire et politique : Idée pour une histoire universelle du point de vue cosmopolite, traduction G. Leroy, notes M. Castillo.

Histoire générale de la nature et théorie du ciel, introduction, traduction et notes P. Kerszberg, A.-M. Roviello et J. Seidengart.

L'unique argument possible d'une preuve de l'existence de Dieu, traduction et notes R. Theis.

Manuscrit de Duisbourg (1774-1775). Choix de réflexions des années 1772-1777, présentation, traduction et notes F.-X. Chenet.

Observations sur le sentiment du beau et du sublime, introduction, traduction et notes R. Kempf.

Premiers principes métaphysiques de la science de la nature, traduction J. Gibelin.

Première introduction à la Critique de la faculté de juger et autres textes, traduction L. Guillermit.

La religion dans les limites de la simple raison (1793), traduction J. Gibelin revue par M. Naar.

Les progrès de la métaphysique en Allemagne, traduction L. Guillermit.

Projet de paix perpétuelle, texte allemand et traduction J. Gibelin.

Prolégomènes à toute métaphysique future qui pourra se présenter comme science, traduction et index L. Guillermit.

Qu'est-ce que s'orienter dans la pensée ?, traduction, commentaire, notes et index A. Philonenko, préface F. Alquié.

Réflexions sur l'éducation, introduction, traduction et notes A. Philonenko.

Remarques touchant les observations sur le sentiment du beau et du sublime, introduction, traduction et notes B. Geonget.

Réponse à Eberhard, introduction, traduction et notes J. Benoist.

Rêves d'un visionnaire, traduction et présentation F. Courtès.

Théorie et pratique. Sur un prétendu droit de mentir par humanité, traduction et notes L. Guillermit.

BIBLIOTHÈQUE DES TEXTES PHILOSOPHIQUES

Fondateur H. GOUHIER   Directeur J.-F. COURTINE

Emmanuel KANT

LOGIQUE

Traduction de
Louis GUILLERMIT

PARIS

LIBRAIRIE PHILOSOPHIQUE J. VRIN

6, Place de la Sorbonne, V ^{e}

2007

© *Librairie Philosophique J. VRIN*, 1966, 1970, 2007

Imprimé en France
ISBN 978-2-7116-0421-0

www.vrin.fr

AVERTISSEMENT

De 1755 à 1797, Kant professa régulièrement chaque année un cours de logique à l'Université de Koenigsberg, en utilisant le manuel du wolfien G.F. Meier, paru en 1752 : *Auszug aus der Vernunftlehre*. Voici en quels termes il justifie ce choix dans l'*Annonce du programme de ses leçons durant le semestre d'hiver 1765-1766* :

« *Logique*. Il existe proprement deux genres de cette science. Celle du premier genre est une Critique et une Directive <*Vorschrift*> de l'*entendement sain*, dans la mesure où il touche d'une part aux concepts vulgaires et à l'ignorance, mais d'autre part à la science et à l'instruction. C'est la Logique de cette espèce qu'on doit mettre au commencement de l'enseignement académique de toute philosophie, telle la quarantaine (s'il m'est permis de m'exprimer ainsi) que doit subir l'étudiant qui veut passer du pays du préjugé et de l'erreur au domaine de la raison éclairée des sciences. Le deuxième genre de Logique est la Critique et la Directive du savoir proprement dit, et ne peut jamais être traitée autrement qu'après les sciences dont elle doit être l'Organon, afin que la méthode que l'on a suivie dans la pratique devienne plus régulière et que soient compris la nature de la discipline ainsi que les moyens de l'améliorer... J'exposerai la Logique de la première espèce d'après le manuel de M. le Professeur Meier, car il a bien en vue les limites des buts présentement mentionnés, et il donne en même temps l'occasion d'inclure la culture de la raison raffinée et savante, outre la formation de l'entendement commun, mais actif et sain, – celle-là précédant la vie spéculative et celle-ci la vie active et sociale. En quoi la très proche affinité des matières donne en même temps l'occasion de jeter à propos de la *Critique de la raison* quelques regards sur la *Critique du goût*, c'est-à-dire l'*Esthétique*, car les règles de l'une servent toujours à éclairer celles de l'autre, et leur contraste est un moyen de les mieux comprendre toutes deux » [1].

Kant avait couvert les marges de son exemplaire personnel d'annotations et, l'ayant en outre interfolié, il y avait ajouté des remarques et des développements personnels. Ce sont ces matériaux qu'il confia à son jeune collègue et ami G.B. Jäsche, qu'il tenait en particulière estime, en le chargeant de les rédiger et de les publier. L'ouvrage parut en 1800 [2].

Note de l'éditeur

Nous donnons en annexe l'Introduction de la Logique transcendantale, telle que l'expose la *Critique de la raison pure*.

---

1. Kant, *Recherche sur l'évidence des Principes de la théologie naturelle et de la morale*, trad. fr. M. Fichant, Paris, Vrin, 1966, p. 72-73.
2. Nous indiquons en titre courant et en italiques la pagination de l'édition de l'Académie de Berlin, tome IX.

INTRODUCTION

I

Concept de la logique.

Tout dans la nature, aussi bien dans le monde inanimé que dans celui des vivants, se produit *selon des règles*, bien que nous ne connaissions pas toujours ces règles[1]. La pluie tombe selon les lois de la pesanteur et chez les animaux, la locomotion se produit aussi selon des règles. Le poisson dans l'eau, l'oiseau dans l'air se meuvent selon des règles. Toute la nature en général n'est strictement rien d'autre qu'une interdépendance <Zusammenhang> des phénomènes selon des règles ; et il n'y a nulle part *aucune absence de règles*. Si nous croyons constater une telle absence, nous pouvons seulement dire en ce cas que les règles nous sont inconnues.

Même l'exercice de nos facultés s'effectue selon certaines règles que nous suivons, d'abord *sans en avoir conscience ;* nous parvenons peu à peu à les connaître à la suite d'essais répétés et d'un usage prolongé de nos facultés qui finissent même par nous les rendre si familières que nous avons grand peine à les penser *in abstracto*[2]. Ainsi par exemple la grammaire générale est la forme d'une langue en général. Or on parle aussi sans connaître la grammaire ; et celui qui parle sans la connaître a en réalité une grammaire et parle selon des règles, dont, simplement, il n'a pas conscience.

Or, comme toutes nos facultés dans leur ensemble, *l'entendement* en particulier a ses actes régis par des règles, dont nous pouvons nous enquérir. Bien plus, l'entendement doit être considéré comme la source et la faculté de penser des règles en général[3]. Car de même que la sensibilité est la faculté des intuitions, de même l'entendement est la faculté de penser, c'est-à-dire de soumettre les représentations des sens à des règles. Aussi son plus vif désir est-il de chercher des règles et son plus vif plaisir est-il de les avoir trouvées. Voici donc la question qui se pose : puisque l'entendement est la source des règles, selon quelles règles procède-t-il lui-même ?

Car il ne fait aucun doute que nous ne pouvons penser ou faire usage de notre entendement qu'en nous conformant à certaines règles. Or ces règles, nous pouvons à leur tour les penser en elles-mêmes, c'est-à-dire que nous pouvons les penser *en dehors de leur application*, ou *in abstracto*. Quelles sont donc ces règles ?

Toutes les règles selon lesquelles l'entendement procède sont ou bien *nécessaires* ou bien *contingentes*. Les premières sont celles sans lesquelles tout usage de l'entendement serait impossible ; les secondes sont celles sans lesquelles un certain usage déterminé de l'entendement ne pourrait avoir lieu. Les règles contingentes qui dépendent d'un objet déterminé de la connaissance sont aussi nombreuses que ces objets eux-mêmes. Par exemple il y a un usage de l'entendement en mathématiques, en métaphysique, en morale, etc... Les règles de cet usage déterminé particulier de l'entendement dans ces sciences sont contingentes, car il est contingent que je pense tel ou tel objet, auquel ces règles particulières se rapportent.

Mais si nous mettons de côté toute connaissance que nous devons emprunter aux seuls *objets* et si nous réfléchissons seulement à l'usage de l'entendement en général, nous découvrons ces règles qui sont absolument nécessaires à tous égards et sans considération des objets particuliers de la pensée, puisque sans elles nous ne pourrions pas penser du tout. C'est pourquoi ces règles peuvent être discernées même *a priori*, c'est-à-dire *indépendamment* de *toute expérience*, puisque, *sans tenir compte de la distinction entre les objets*, elles renferment simplement les conditions de l'usage de l'entendement en général, que cet usage soit *pur* ou *empirique*. Et de là vient aussi que les règles universelles et nécessaires de la pensée en général ne peuvent concerner que sa seule *forme* et aucunement sa *matière*. Par conséquent la science qui contient ces règles universelles et nécessaires est simplement une science de la forme de notre connaissance intellectuelle ou de la pensée. Et nous pouvons donc nous faire une idée de la possibilité d'une telle science, exactement comme d'une *grammaire générale* qui ne contient rien de plus que la simple forme de la langue en général, sans les mots qui appartiennent à la matière de la langue.

Cette science des lois nécessaires de l'entendement et de la raison en général ou, ce qui est la même chose, de la simple forme de la pensée en général, nous la nommons : *Logique*.

En tant que science qui se rapporte à toute pensée en général, sans faire acception des objets qui sont la matière de la pensée, la Logique doit être considérée :

1) comme le *fondement* de toutes les autres sciences et comme la *propédeutique* de tout usage de l'entendement. Mais précisément pour cette même raison qu'elle fait complètement abstraction de tout objet :

2) elle ne peut être un *Organon* des sciences.

Par *Organon* [4] nous entendons l'indication de la manière de parvenir à une connaissance déterminée. Or, cela implique que je connaisse déjà l'objet de la science à produire selon certaines règles. Un *Organon* des sciences n'est donc pas une simple logique puisqu'il présuppose la connaissance précise des sciences, de leurs objets et de leurs sources. C'est ainsi, par exemple, que la mathématique est un excellent organon, car elle est une science qui contient le principe de l'extension de notre connaissance en fonction d'un certain usage de la raison. La logique au contraire, en sa qualité de propédeutique universelle de tout usage de l'entendement et de la raison en général, ne pouvant pas empiéter sur les sciences ni anticiper leur matière, est seulement un *Art universel de la raison (Canonica Epicuri)*, celui d'accorder des connaissances en général à la forme de l'entendement. Elle ne doit donc être appelée organon que dans la mesure où elle sert non pas assurément à l'*extension*, mais bien à l'*appréciation critique* <Beurtheilung> et à la *rectification* <Berichtigung> de notre connaissance.

3) En sa qualité de science des lois nécessaires de la pensée, sans lesquelles il ne peut y avoir aucun usage de l'entendement et de la raison, qui sont par conséquent les conditions sous lesquelles l'entendement peut et doit s'accorder uniquement avec lui-même — les lois nécessaires et les conditions de son droit usage — à ce titre, la logique est un *Canon*. Et, en qualité de canon de l'entendement et de la raison, de ce fait, elle ne peut emprunter de principe à aucune science ni à aucune expérience ; elle ne doit contenir que des *lois a priori*, qui sont nécessaires et relèvent de l'entendement en général.

Certains logiciens supposent, à vrai dire, des principes *psychologiques* dans la logique. Mais admettre de tels principes en logique est aussi absurde que de tirer la morale de la vie. Si nous cherchions les principes dans la psychologie, c'est-à-dire dans les observations que nous ferions sur notre entendement, nous verrions simplement *comment* se produit la pensée et comment elle est assujettie à diverses entraves et conditions subjectives ; ce qui conduirait donc à la connaissance de lois simplement *contingentes*. Mais en logique il s'agit de lois *nécessaires*, non de lois *contingentes*, non de la façon dont nous pensons, mais de la façon dont nous devons penser. Les règles de la logique doivent donc être dérivées non de l'usage *contingent*, mais de l'usage *nécessaire* de l'entendement, que l'on trouve en soi-même sans aucune psychologie. Dans la logique, ce que nous voulons savoir, ce n'est pas comment l'entendement est, comment il pense, comment il a procédé jusqu'ici pour penser, mais bien comment il devrait procéder dans la pensée. Elle doit nous enseigner le droit usage de l'entendement, c'est-à-dire celui qui est cohérent avec lui-même.

De la définition que nous avons donnée de la logique se laissent encore déduire les autres propriétés essentielles de cette science que voici :

4) elle est une science rationnelle non seulement selon la forme, mais même *selon la matière* puisque ses règles ne sont pas dérivées de l'expérience et qu'en même temps elle a la raison pour objet. La logique est donc une connaissance de l'entendement et de la raison par eux-mêmes, non pas selon leur pouvoir au regard de l'objet, mais uniquement selon la forme. En logique, je ne demanderai pas : *que* connaît l'entendement et *combien* peut-il connaître, c'est-à-dire *jusqu'où* va sa connaissance ? Car il s'agirait de sa propre connaissance au point de vue de son usage *matériel,* connaissance qui relève donc de la métaphysique. En logique, la question est uniquement : *comment l'entendement se connaîtra-t-il lui-même ?*

Enfin, en qualité de science rationnelle selon la matière et la forme, la logique est également :

5) une *doctrine* ou *théorie démontrée*[5]. Car comme elle ne s'occupe pas de l'usage commun — et en tant que tel, simplement empirique — de l'entendement et de la raison, mais uniquement des lois nécessaires et universelles de la pensée en général, elle repose sur des principes *a priori* qui permettent de déduire et de démontrer toutes ses règles, auxquelles à ce titre, toute connaissance de la raison devrait être conforme.

Du fait que la logique doit être considérée comme une science *a priori* ou comme une doctrine pour un canon de l'usage de l'entendement et de la raison, elle se distingue essentiellement de l'*Esthétique* ; celle-ci, simple *critique* du goût n'a pas de canon (loi), mais seulement une *norme* (modèle ou simple guide pour le jugement) qui consiste dans l'assentiment universel[6]. L'esthétique contient en effet les règles de l'accord de la connaissance avec les lois de la sensibilité ; la logique, au contraire, les règles de l'accord de la connaissance avec les lois de l'entendement et de la raison. La première n'a que des principes empiriques et ne peut donc être science ou doctrine si on entend par doctrine un enseignement dogmatique tiré de principes *a priori*, où l'on discerne tout par l'entendement sans information tirée d'autre part de l'expérience, et qui nous fournit des règles dont l'observation conduit à la perfection voulue.

Il ne manque pas de gens, orateurs, et poètes surtout, à avoir raisonné sur le goût, mais ils ne sont jamais parvenus à porter un jugement décisif sur ce sujet. Le philosophe *Baumgarten* de Francfort avait fait le plan d'une Esthétique comme science. Mais *Home* a plus justement nommé l'Esthétique une *Critique*[7], car elle ne fournit pas de règles *a priori* qui déterminent suffisamment le jugement, comme le fait la logique, mais elle forme ses règles *a posteriori* et se contente de généraliser par comparaison les lois empiriques selon lesquelles nous connaissons le plus imparfait et le plus parfait (le Beau).

Ainsi la logique est plus qu'une simple critique ; elle est un canon qui sert ensuite à la critique, c'est-à-dire qui sert de principe permettant de juger de tout usage de l'entendement en général, de sa rectitude au point de vue de sa simple forme, il est vrai, puisqu'elle n'est pas plus un organon que la grammaire générale.

D'un autre côté, comme propédeutique de l'usage de l'entendement en général, la logique générale se distingue également de la *logique transcendantale*, dans laquelle l'objet lui-même est représenté comme un objet du seul entendement ; la logique générale au contraire s'applique à tous les objets en général[8].

Si maintenant nous rassemblons tous les caractères essentiels qui appartiennent à la détermination détaillée de la notion de la logique, il nous faudra en proposer la définition suivante :

La logique est une science rationnelle non seulement selon la forme[9], *mais selon la matière ; une science* a priori *des lois nécessaires de la pensée, non pas relativement à des objets particuliers, mais bien relativement à tous les objets en général ; c'est donc une science du droit usage de l'enten-*

dement et de la raison en général, non pas de façon subjective, c'est-à-dire non pas selon des principes empiriques (psycho- logiques) : comment l'entendement pense — mais de façon objective, c'est-à-dire selon des principes a priori *: comment il doit penser.*

II

Divisions principales de la logique — Exposé — Utilité de cette Science — Abrégé d'une histoire de la logique.

La logique se divise :

1) en *Analytique* et en *Dialectique* [10].

L'Analytique découvre par analyse <Zergliederung> tous les actes de la raison que nous effectuons dans la pensée en général. Elle est donc une analytique de la forme de l'entende- ment et de la raison, et c'est à bon droit qu'elle est également nommée logique de la vérité, puisqu'elle renferme les règles nécessaires de toute vérité (formelle), règles sans lesquelles notre connaissance, indépendamment de ses objets, est en elle-même non-vraie <unwahr>. Elle n'est donc également rien d'autre qu'un canon permettant l'appréciation <Dijudi- cation> (de la rectitude formelle de notre connaissance).

Si l'on voulait se servir de cette doctrine simplement théorique et générale comme d'un art pratique, c'est-à-dire comme d'un organon, elle deviendrait *Dialectique. Logique de l'apparence (ars sophistica, disputatoria),* qui vient de ce qu'on mésuse simplement de l'Analytique, dans la mesure où, par la *simple forme logique,* est suscitée l'apparence d'une vraie connaissance dont les caractères doivent au contraire être tirés de l'accord avec l'objet, donc du *contenu.*

Autrefois, la dialectique était étudiée avec beaucoup de zèle. Cet art présentait de faux principes sous l'apparence de la vérité et cherchait grâce à eux à soutenir les choses selon l'apparence. Chez les Grecs, les dialecticiens, c'étaient les les avocats et les orateurs, qui pouvaient conduire le peuple où ils voulaient parce que le peuple se laisse tromper par l'apparence. La dialectique était donc à l'époque l'art de l'apparence. Dans la logique, elle fut également longtemps traitée sous le nom d'*Art de la disputation*, et durant tout ce temps, toute la logique et la philosophie furent cultivées par des bavards pour produire cette apparence. Mais rien ne saurait être plus indigne d'un philosophe que de cultiver un tel Art. Il faut donc l'abandonner complètement en ce sens et à sa place introduire plutôt en logique une critique de cette apparence.

Nous aurions donc deux parties de la logique : l'*Analytique*, qui traiterait des critères formels de la vérité, et la *Dialectique* qui contiendrait les caractères et les règles nous permettant de connaître que quelque chose ne s'accorde pas avec les critères formels de la vérité, bien qu'il paraisse s'accorder avec eux. La dialectique en ce sens aurait donc son utilité comme *Catharticon* de l'entendement.

On a coutume de diviser encore la logique :

2) en logique *naturelle* ou *populaire* et logique *savante* <künstliche> ou *scientifique (logica naturalis, logica scholastica sive artificialis)*.

Mais cette division est indéfendable. Car la logique naturelle ou logique de la raison commune *(sensus communis)* n'est pas proprement une logique ; c'est une science anthropologique qui n'a que des principes empiriques, puisqu'elle traite des règles de l'usage naturel de l'entendement et de la raison qui peuvent être connues seulement *in concreto*, donc sans qu'on en ait conscience *in abstracto*. La logique savante ou scientifique mérite donc seule le nom de logique, au titre de science des règles nécessaires et universelles de la pensée qui, indépendamment de l'usage naturel *in concreto* de l'entendement et de la raison, peuvent et doivent être connues *a priori*, encore qu'elles ne puissent être d'abord trouvées que par l'observation de cet usage naturel.

3) Une autre division de la logique est celle en logique *théorique* et *pratique*. Mais cette division également est incorrecte.

La logique générale qui, en sa qualité de simple canon, fait abstraction de tout objet, ne peut avoir de partie pratique. Ce serait une *contradictio in adjecto* puisqu'une logique pratique présuppose la connaissance d'une certaine sorte d'objets auxquels elle est appliquée. Nous pouvons donc appeler chaque science une *logique pratique* ; car dans chacune nous devons avoir une forme de la pensée. La logique générale, considérée comme pratique, ne peut donc être rien de plus qu'une *technique du savoir en général* ; — un *organon* de la *méthode scolastique*.

En conséquence de cette division, la logique aurait donc une partie *dogmatique* et une partie *technique*. La première pourrait être appelée la *doctrine* des *éléments*, la seconde la *doctrine* de la *méthode*. La partie pratique ou technique de la logique serait un art logique au point de vue de la disposition, de l'expression technique et de la distinction logiques, permettant de faciliter l'action de l'entendement.

Mais dans les deux parties, la partie technique aussi bien que la partie dogmatique, il ne faudrait pas avoir le moindre égard à l'objet non plus qu'au sujet de la pensée.

Sous ce dernier rapport, la logique pourrait être divisée en :

4) logique *pure* et logique *appliquée* [11].

Dans la logique pure, nous séparons l'entendement des autres facultés de l'esprit et nous considérons uniquement ce qu'il fait par lui-même. La logique appliquée considère l'entendement dans sa combinaison avec les autres facultés de l'esprit qui concourent à ses actions et le font dévier de sa direction en sorte qu'il ne procède pas selon les lois dont il voit bien lui-même qu'elles sont les bonnes. La logique appliquée ne devrait pas être proprement nommée logique. C'est une psychologie dans laquelle nous considérons comment procède habituellement notre pensée, et non comment elle doit procéder. A vrai dire elle nous dit en fin de compte ce qu'on doit faire pour user correctement de l'entendement aux prises avec quantité d'entraves et de limitations subjectives ; nous pouvons également apprendre d'elle ce qu'exige l'usage correct de l'entendement, quels en sont les auxiliaires, ou quels sont les remèdes aux fautes logiques et aux erreurs. Mais elle n'est assurément pas une propédeutique. Car la psychologie, dont il faut tout tirer dans la logique appliquée, est une partie des sciences philosophiques, auxquelles la logique doit servir de propédeutique.

Il est vrai qu'on dit : la technique, ou l'art de construire une science, devrait être traitée dans la logique appliquée. Mais c'est inutile et même nuisible. Car alors on commence à construire avant d'avoir les matériaux et on donne bien la forme, mais le contenu fait défaut. C'est à chaque science qu'il revient de traiter de sa technique.

Enfin, en ce qui concerne :

5) la division de la logique en logique de l'entendement *commun* et de l'entendement *spéculatif*, nous remarquons ici que cette science ne peut absolument pas être divisée ainsi.

Elle ne peut être une science de l'entendement spéculatif. Car en qualité de logique de la connaissance spéculative ou de l'usage spéculatif de la raison elle serait un organon d'autres sciences et non simple propédeutique qui doit convenir à tout usage possible de l'entendement et de la raison.

La logique ne peut pas davantage être un *produit de l'entendement commun.* Car l'entendement commun est la faculté d'apercevoir les règles de la connaissance *in concreto.* Mais la logique doit être une science des règles de la pensée *in abstracto.*

On peut cependant admettre l'entendement commun de l'homme comme objet de la logique, et dans cette mesure elle fera abstraction des règles particulières de la raison spéculative et se distinguera donc de la logique de l'entendement *spéculatif.*

En ce qui concerne l'*exposé* de la logique, il peut être ou *scolastique* ou *populaire.*

Il est *scolastique* pour autant qu'il est approprié au désir de connaître, aux aptitudes et à la culture de ceux qui veulent traiter la connaissance des règles logiques comme une science. Mais il est *populaire* s'il s'adapte aux aptitudes et aux besoins de ceux qui ne veulent pas étudier la logique mais uniquement s'en servir pour éclairer leur entendement — Dans l'exposé scolastique, les règles doivent être présentées *dans leur universalité* ou *in abstracto,* dans l'exposé populaire au contraire *dans le particulier* ou *in concreto.* L'exposé scolastique est le fondement de l'exposé populaire ; car seul peut exposer quelque chose de façon populaire, celui qui pourrait également l'exposer à fond <gründlicher>.

Au reste nous distinguons ici *exposé* <Vortrag> et *méthode.* Par *méthode,* en effet, il faut entendre la manière de s'y prendre pour connaître intégralement un objet déterminé à la connaissance duquel il faut l'appliquer. Elle doit être tirée de la nature de la science elle-même et, puisqu'elle est, de ce fait, un ordre déterminé et nécessaire de la pensée, elle ne peut être changée. *Exposé* veut seulement dire la manière de faire partager ses pensées à autrui, de façon à rendre une doctrine intelligible.

D'après ce que nous avons dit jusqu'ici de la nature et du but de la logique, il est maintenant possible de mesurer la valeur de cette science et l'utilité de son étude selon un étalon correct et déterminé.

Donc la logique n'a rien d'un art universel d'invention non plus que d'un organon de la vérité ; ce n'est pas une algèbre à l'aide de laquelle se laisseraient découvrir des vérités cachées.

Elle n'en est pas moins utile et indispensable comme *critique de la connaissance* ; ou bien pour juger la raison commune aussi bien que spéculative, non pas afin de l'instruire, mais pour la rendre *correcte* et cohérente avec elle-même. Car le principe logique de la vérité est l'accord de l'entendement avec ses propres lois universelles.

Enfin en ce qui concerne l'histoire de la logique, nous ne voulons en mentionner que ce qui suit :

La logique actuelle provient de l'*Analytique* d'*Aristote*. Ce philosophe peut être considéré comme le père de la logique. Il la traita comme Organon et la divisa en *Analytique* et *Dialectique*. Sa façon d'enseigner est très scolastique et s'applique au développement des notions les plus générales qui sont au fondement de la logique ; on n'en a cependant nullement besoin puisque presque tout aboutit à de simples subtilités, exception faite pour les dénominations de quelques actions de l'entendement qui lui sont empruntées.

Au reste depuis l'époque d'*Aristote*, la logique n'a guère gagné en *contenu* et aussi bien sa nature le lui interdit [12]. Mais elle peut fort bien gagner en *exactitude*, en *précision*, en *distinction*. — Il n'y a que peu de sciences capables d'atteindre un état stable, où elles ne subissent plus de changements. La logique et aussi la métaphysique sont de celles-là. *Aristote* n'avait omis aucun moment de l'entendement ; nous sommes seulement plus exacts, méthodiques et ordonnés.

A vrai dire, on croyait que l'*Organon* de *Lambert* accroîtrait beaucoup la logique. Mais il ne contient rien de plus que des divisions plus subtiles qui, comme toutes les subtilités justes aiguisent bien l'entendement, mais ne sont d'aucun usage essentiel.

Parmi les philosophes modernes, il y en a deux qui ont ranimé la logique générale : *Leibniz* et *Wolf*.

Malebranche et *Locke* n'ont pas traité proprement la logique, du fait même qu'ils ont traité du contenu de la connaissance et de l'origine des concepts.

La logique générale de *Wolf* est la meilleure que nous

possédions. Certains l'ont combinée à la logique aristotéli-
cienne ,comme par exemple *B. Reusch*. *Baumgarten* a eu le
grand mérite d'abréger la logique de *Wolf* et, *Meier* à son
tour, commenta *Baumgarten*.

Parmi les logiciens modernes on compte également *Crusius*
qui cependant n'a pas pris garde à la nature propre de la
logique. En effet, sa logique contient des principes métaphysiques et déborde ainsi les limites de cette science ; en
outre, elle établit un critère de la vérité qui ne peut être un
critère et, de ce fait, donne libre carrière à toutes les diva-
gations <Schwärmereien>.

De nos jours, il n'y a pas eu de logiciens illustres et nous
n'avons même que faire de nouvelles découvertes en logique
puisque celle-ci ne contient que la simple forme de la pensée.

III

*Concept de la philosophie en général — La philosophie
considérée dans sa notion scolastique et dans sa notion
cosmique — Ce que philosopher requiert et se propose
essentiellement — Les problèmes les plus généraux et les
plus élevés de cette science.*

Il est parfois difficile de définir ce qu'on entend par une
science. Cependant la science gagne en précision si on lui
assigne un concept déterminé et on évite ainsi maintes
erreurs d'origines diverses qui ne tardent pas à se glisser si
l'on ne parvient pas à distinguer cette science de celles qui
lui sont apparentées.

Toutefois avant de tenter de donner une définition de la
philosophie, il nous faut au préalable nous enquérir du
caractère de différentes connaissances, et puisque la connaissance philosophique fait partie des connaissances rationnelles,
il nous faut en particulier définir ce que nous entendons
par ces dernières.

Les connaissances rationnelles sont opposées aux connais-

sances *historiques* [13]. Les unes sont des connaissances provenant de principes *(ex principiis)*, les autres des connaissances
provenant de *données (ex datis)*. — Mais une connaissance
peut provenir de la raison et cependant être historique ;
ainsi, par exemple, si un homme simplement lettré apprend
les productions de la raison d'autrui, sa connaissance de tels
produits rationnels est simplement historique.

De fait, on peut distinguer les connaissances :

1) d'après leur origine *objective*, c'est-à-dire d'après les
sources qui sont seules à rendre possible une connaissance.
De ce point de vue, toutes les connaissances sont soit *rationnelles*, soit *empiriques ;*

2) d'après leur origine *subjective*, c'est-à-dire d'après la
manière dont une connaissance peut être acquise par l'homme.
De ce nouveau point de vue, les connaissances sont *rationnelles* ou *historiques*, quelle que soit leur provenance propre.
Ainsi quelque chose peut être *objectivement* une connaissance
rationnelle qui *subjectivement* n'en est pas moins simplement
historique.

Il est préjudiciable à certaines connaissances rationnelles
de n'être sues qu'historiquement, pour d'autres c'est sans
importance. Par exemple, le navigateur sait historiquement,
d'après ses tables, les règles de la navigation et cela lui suffit.
Mais si le juriste ne sait qu'historiquement l'érudition juridique, il est tout à fait inapte à exercer vraiment les fonctions
de juge et plus encore celles de législateur.

De la distinction indiquée entre les connaissances rationnelles *objectivement* et *subjectivement*, il résulte clairement
qu'on peut d'une certaine façon apprendre la philosophie
sans être capable de philosopher. Donc celui qui veut devenir
vraiment philosophe doit s'exercer à faire de sa raison non
un usage d'imitation et pour ainsi dire mécanique, mais un
usage libre.

Nous avons défini les connaissances rationnelles comme
connaissances à partir de principes, et de là suit qu'elles

doivent être *a priori*. Or, il y a deux sortes de connaissances qui toutes deux sont *a priori* mais qui n'en présentent pas moins plusieurs différences notables ; ce sont la *Mathématique* et la *Philosophie* [14].

On prétend communément que mathématique et philosophie se distinguent l'une de l'autre par l'*objet*, l'une traitant de la *quantité*, l'autre de la *qualité*. Tout cela est faux. Ces sciences ne sauraient se distinguer par l'objet ; car la philosophie s'étend à tout, donc aux *quanta* également, et la mathématique aussi, dans la mesure du moins où tout a une quantité. C'est uniquement l'*espèce différente de connaissance rationnelle ou d'usage de la raison* qui constitue la différence spécifique entre ces deux sciences : La Philosophie est la *connaissance rationnelle par simples concepts*, la mathématique, au contraire, est la *connaissance rationnelle par construction des concepts*.

Nous construisons les concepts quand nous les présentons dans l'intuition *a priori* sans recours à l'expérience, ou lorsque nous présentons dans l'intuition l'objet qui correspond au concept que nous en avons. — Le mathématicien ne peut jamais se servir de sa raison en usant de simples concepts, le philosophe ne peut jamais user de la sienne en construisant les concepts — En mathématique, on se sert de la raison *in concreto*, et l'intuition n'est pas empirique, mais on s'y donne *a priori* quelque chose comme objet de l'intuition.

Nous voyons que par là, la mathématique a un avantage sur la philosophie en ceci que ses connaissances sont *intuitives*, alors que les autres sont au contraire *discursives* seulement. Mais la raison pour laquelle c'est en mathématiques surtout que sont considérées les quantités, c'est que les quantités peuvent être construites *a priori*, alors que les qualités au contraire ne se laissent pas présenter dans l'intuition.

La philosophie est donc le système des connaissances philosophiques ou des connaissances rationnelles par

concepts. Telle est la *notion scolastique* de cette science [15],
Selon sa *notion cosmique* <Weltbegriff>, elle est la science
des fins dernières <letzen Zwecken> de la raison humaine.
Cette conception élevée confère à la philosophie *dignité* [16]
<Würde>, c'est-à-dire valeur absolue. Et, effectivement, elle
est même la seule à ne posséder de valeur qu'*intrinsèque* et
à conférer originellement une valeur aux autres connaissances.

Assurément on finit toujours par demander : à quoi sert
de philosopher, à quoi sert le but finalement visé : la philosophie elle-même, considérée comme science selon son
concept scolastique ?

Dans ce sens scolastique du mot, la philosophie *vise*
seulement à l'*habileté* <Geschicklichkeit> ; au point de vue
de son concept cosmique au contraire, à l'*utilité*. Au premier
point de vue, elle est donc une *doctrine de l'habileté* ; au
second, une *doctrine de la sagesse* — la *législatrice* de la
raison et dans cette mesure le philosophe n'est pas un *artiste*
de la raison, mais son *législateur* [17].

L'artiste de la raison, ou comme Socrate le nomme, le
philodoxe [18], vise simplement la connaissance spéculative sans
se demander dans quelle mesure le savoir contribue à la fin
dernière de la raison humaine : il donne des règles pour
mettre la raison au service de toutes sortes de fins. Le
philosophe pratique, le maître de la sagesse par la doctrine
et par l'exemple est le vrai philosophe. Car la philosophie
est l'idée d'une sagesse parfaite, qui nous désigne les fins
dernières de la raison humaine.

Dans la philosophie selon sa notion scolastique, il faut
faire *deux* parties : — en *premier lieu*, une provision suffisante de connaissances rationnelles ; — d'*autre part*, une
organisation <Zusammenhang> systématique de ces connaissances, ou leur connexion dans l'idée d'un tout.

Non seulement la philosophie permet une telle organisation
strictement systématique, mais elle est la seule science qui
possède au sens le plus propre, une organisation systématique et qui donne à toutes les autres sciences une unité
systématique.

Mais s'agissant de la philosophie selon son sens cosmique *(in sensu cosmico)*, on peut aussi l'appeler une *science des maximes suprêmes de l'usage de notre raison*, si l'on entend par maxime le principe interne du choix entre différentes fins.

Car la philosophie en ce dernier sens, est même la science du rapport de toute connaissance et de tout usage de la raison à la fin ultime <Endzweck> de la raison humaine, fin à laquelle, en tant que suprême, toutes les autres fins sont subordonnées et dans laquelle elles doivent être toutes unifiées.

Le domaine de la philosophie en ce sens cosmopolite [19] <Weltbürgerlichen> se ramène aux questions suivantes :

1) Que puis-je savoir ?

2) Que dois-je faire ?

3) Que m'est-il permis d'espérer ?

4) Qu'est-ce que l'homme ?

A la première question répond la *métaphysique*, à la seconde la *morale*, à la troisième la *religion*, à la quatrième *l'anthropologie*. Mais au fond, on pourrait tout ramener à l'anthropologie, puisque les trois premières questions se rapportent à la dernière [20].

Le philosophe doit donc pouvoir déterminer :

1) la source du savoir humain,

2) l'étendue de l'usage possible et utile de tout savoir, et enfin

3) les limites de la raison.

Cette dernière détermination est la plus indispensable, c'est aussi la plus difficile, mais le philodoxe ne s'en préoccupe pas.

Il y a principalement deux choses qui sont nécessaires au philosophe :

1) la culture du talent et l'habileté à en user à toutes sortes de fins,

2) l'adresse à se servir de tous les moyens en vue de toutes fins possibles.

Il faut réunir les deux ; car sans connaissances on ne deviendra jamais philosophe, mais jamais non plus les connaissances ne suffiront à faire un philosophe, si ne vient s'y ajouter une harmonisation convenable de tous les savoirs et de toutes les habiletés jointes à l'intelligence de leur accord avec les buts les plus élevés de la raison humaine.

De façon générale, nul ne peut se nommer philosophe s'il ne peut philosopher. Mais on n'apprend à philosopher que par l'exercice et par l'usage qu'on fait soi-même de sa propre raison.

Comment la philosophie se pourrait-elle, même à proprement parler, apprendre ? En philosophie, chaque penseur bâtit son œuvre pour ainsi dire sur les ruines d'une autre ; mais jamais aucune n'est parvenue à devenir inébranlable en toutes ses parties. De là vient qu'on ne peut apprendre à fond la philosophie, puisqu'elle *n'existe pas encore* [21]. Mais à supposer même qu'il en existât une effectivement, nul de ceux qui l'apprendraient, ne pourrait se dire philosophe, car la connaissance qu'il en aurait demeurerait *subjectivement historique*.

Il en va autrement en mathématiques. Cette science peut dans une certaine mesure, être apprise ; car ici, les preuves sont tellement évidentes que chacun peut en être convaincu ; et en outre, en raison de son évidence, elle peut être retenue comme une *doctrine certaine* et *stable*.

Celui qui veut apprendre à philosopher doit, au contraire, considérer tous les systèmes de philosophie uniquement comme une *histoire de l'usage de la raison* et comme des objets d'exercice de son talent philosophique.

Le vrai philosophe doit donc faire, en pensant par lui-même, un usage libre et personnel de sa raison et non imiter servilement. Mais il doit se garder également d'en faire un usage *dialectique*, c'est-à-dire un usage qui n'a d'autre fin que de donner à sa connaissance une *apparence de vérité et de sagesse*. C'est là procédé de simple sophiste, mais tout à fait incompatible avec la dignité du philosophe qui connaît et enseigne la sagesse.

Car la science n'a de réelle valeur intrinsèque que comme *instrument de sagesse*. Mais à ce titre, elle lui est à ce point indispensable qu'on pourrait dire que la sagesse sans la science n'est que l'esquisse d'une perfection à laquelle nous n'atteindrons jamais.

Celui qui hait la science mais qui aime d'autant plus la sagesse s'appelle un *misologue* [22]. La misologie naît ordinairement d'un manque de connaissance scientifique à laquelle se mêle une certaine sorte de vanité. Il arrive cependant parfois que certains tombent dans l'erreur de la misologie, qui ont commencé par pratiquer la science avec beaucoup d'ardeur et de succès mais qui n'ont finalement trouvé dans leur savoir aucun contentement.

La philosophie est l'unique science qui sache nous procurer cette satisfaction intime, car elle referme, pour ainsi dire, le cercle scientifique et procure enfin aux sciences ordre et organisation <Zusammenhang>.

En vue de nous exercer à penser par nous-mêmes et à philosopher, il nous faudra donc avoir égard davantage à la *méthode* mise en œuvre dans l'usage de notre raison qu'aux thèses elles-mêmes qu'elle nous aura permis d'établir.

IV

Abrégé d'une histoire de la philosophie.

Il y a quelque difficulté à définir les limites où cesse l'usage *commun* de l'entendement et où commence son usage *spéculatif*, autrement dit où la connaissance rationnelle commune devient philosophie.

Il y a cependant une marque distinctive assez sûre que voici :

La connaissance de l'universel *in abstracto* est connaissance *spéculative ;* la connaissance de l'universel *in concreto* est connaissance *commune.* La connaissance philosophique est connaissance spéculative de la raison et ainsi elle commence où cesse l'usage commun de la raison, pour entreprendre des recherches dans la connaissance de l'universel *in abstracto.*

A partir de cette détermination de la différence entre l'usage commun et l'usage spéculatif de la raison, on peut discerner chez quel peuple il faut faire dater le commencement de la philosophie. Parmi tous les peuples, les *Grecs* ont été les premiers à philosopher. Car ils ont tenté pour la première fois de cultiver la connaissance rationnelle *in abstracto*, sans recourir aux images, alors que les autres peuples cherchaient toujours à rendre les concepts intelligibles uniquement *in concreto* au moyen d'images. C'est ainsi qu'il y a encore de nos jours des peuples comme les Chinois et certains Indiens, qui traitent assurément de choses qui proviennent uniquement de la raison comme Dieu, l'immortalité de l'âme, etc., mais qui cependant ne tentent pas d'étudier ces objets par des concepts et des règles *in abstracto.* Ils ne font ici aucune distinction entre l'usage *in concreto* et l'usage *in abstracto* de la raison. Chez les *Perses* et les *Arabes*, on trouve à vrai dire quelque usage spéculatif de la raison ; mais ils en ont emprunté l'usage à *Aristote*, c'est-à-dire encore aux Grecs. Dans le *Zendavesta de Zoroastre*, on ne trouve pas la moindre trace de philosophie. Et c'est même également vrai de la sagesse tant vantée des *Egyptiens* qui, comparée à la philosophie grecque, n'est qu'un jeu d'enfants.

Comme en philosophie, en mathématiques également, les Grecs furent les premiers à cultiver ce domaine de la connaissance rationnelle selon une méthode spéculative, scientifique, puisqu'ils en ont démontré chaque théorème à partir des éléments.

Mais *quand* et *où* l'esprit philosophique prit-il naissance parmi les Grecs, c'est ce qu'on ne peut déterminer avec précision.

Le premier qui introduisit l'usage de la raison spéculative et à qui on a attribué les premiers pas de l'entendement humain dans la culture scientifique, c'est *Thalès*, le fondateur de la secte *ionienne*. Il fut qualifié *physicien*, bien qu'il fût également *mathématicien* ; ici comme ailleurs, la mathématique a toujours précédé la philosophie.

D'ailleurs, les premiers philosophes revêtirent tout d'images. Car la poésie qui n'est rien d'autre que le revêtement de la pensée en images, est plus ancienne que la prose. Par conséquent, il fallut commencer par user du langage imagé et du style poétique, même lorsqu'il s'agissait de choses qui étaient uniquement des objets de pure raison. *Phérécydes* doit avoir été le premier écrivain en prose.

Après les *Ioniens* vinrent les *Eléates*. La proposition fondamentale de la philosophie éléatique et de son fondateur *Xénophane* fut : *dans les sens, c'est l'illusion et l'apparence, c'est seulement dans l'entendement que se trouve la source de la vérité.*

Parmi les philosophes de cette école se distingua *Zénon* comme un homme d'une grande intelligence et d'une grande pénétration et comme un subtil dialecticien.

La *dialectique* signifie d'abord l'art de l'usage pur de l'entendement appliqué aux concepts abstraits, séparés de tout sensible. De là, les nombreuses louanges de cet art chez les Anciens. Dans la suite, comme ces philosophes qui rejetaient complètement le témoignage des sens furent nécessairement conduits par cette affirmation à tomber dans maintes subtilités, la dialectique se dégrada en art de soutenir et de combattre toute proposition. Et elle devint ainsi un simple exercice à l'usage des *Sophistes* qui prétendaient raisonner sur tout et s'appliquaient à donner à l'apparence le semblant du vrai et à rendre noir le blanc. C'est pour cette raison que le nom même de *sophiste* que l'on appliquait jadis à un homme qui pouvait traiter toutes choses avec raison et pénétration est devenu aujourd'hui si haïssable et méprisable, et qu'on lui a substitué le nom de *philosophe.*

A l'époque de l'école ionienne apparut en Grande Grèce, un homme d'un rare génie qui non seulement fonda une école, mais encore conçut et réalisa un projet qui n'avait encore jamais eu son pareil. Cet homme c'était *Pythagore,* né à Samos. Il fonda une société de philosophes qui étaient liés entre eux en association par la loi du silence. Il divisa ses disciples en deux classes : celle des *Acousmatiques* (ἀκουσματικοί) qui devaient se contenter d'écouter et celle des *Acroamatiques* (ἀκροαματικοί) qui avaient en outre le droit d'interroger.

Parmi ces doctrines, les unes étaient *exotériques,* qu'il communiquait au peuple entier ; les autres étaient secrètes et *ésotériques,* destinées uniquement aux membres de sa société, parmi lesquels il fit entrer quelques-uns dans son amitié la plus confiante et les sépara entièrement des autres. Il fit de la *physique* et de la *théologie,* c'est-à-dire de la doctrine du visible et de l'invisible, le *véhicule* de ses doctrines secrètes. Il avait également divers *symboles* qui n'étaient sans doute que certains signes, dont les pythagoriciens se servaient pour se comprendre entre eux.

Le but de l'association semble avoir été le suivant : *purifier la religion des illusions populaires, modérer la tyrannie et introduire plus de légalité dans les cités.* Mais cette association, que les tyrans commençaient à craindre fut détruite peu avant la mort de Pythagore et cette société philosophique dissoute tant par la mise à mort que par la fuite et l'exil de la plus grande partie de ses membres. Les rares qui restèrent étaient des *novices.* Et comme ils ne savaient pas grand chose des doctrines propres à *Pythagore,* on ne peut rien en dire de certain et de précis. Dans la suite, on a attribué à *Pythagore,* qui fut également un grand mathématicien, bien des doctrines qui sont certainement controuvées.

Finalement, l'époque la plus importante de la philosophie grecque commence avec *Socrate*. Car ce fut lui qui donna une toute nouvelle orientation *pratique* à la pensée philosophique et à tous les esprits spéculatifs. Il a même été presque le seul parmi tous les hommes dont la conduite ait presque atteint l'*Idée d'un sage*.

Parmi ses disciples, le plus célèbre est *Platon*, qui s'occupa plus spécialement de la doctrine pratique de Socrate ; et parmi les disciples de Platon, ce fut *Aristote*, qui à son tour releva la philosophie spéculative.

A Platon et à Aristote succédèrent les *Epicuriens* et les *Stoïciens*, deux sectes qui furent au plus haut point ennemies déclarées l'une de l'autre. Les uns mettaient le *souverain bien* dans un *cœur joyeux* qu'ils appelaient la *volupté* ; les autres ne le trouvaient que dans la *grandeur* et la *force de l'âme*, qui permettaient de se passer de tous les agréments de la vie. Les stoïciens étaient du reste *dialecticiens* en philosophie spéculative, *dogmatiques* en philosophie morale et, dans leurs principes pratiques qui leur ont permis de répandre les semences des sentiments les plus sublimes qui aient jamais existé, ils firent montre d'une dignité tout à fait extraordinaire. Le fondateur de l'école stoïcienne est *Zénon de Cittium*. Les philosophes Grecs les plus illustres de cette école furent *Cléanthe* et *Chrysippe*.

L'école épicurienne n'a jamais pu connaître la même réputation que l'école stoïcienne. Quoi qu'on puisse dire des épicuriens, il n'en est pas moins certain qu'ils firent preuve de la plus grande modération dans le plaisir, et furent les *meilleurs philosophes de la nature* de tous les penseurs de la Grèce.

Notons encore que les principales écoles grecques portaient des noms particuliers. Ainsi l'école de *Platon* s'appelait l'*Académie*, celle d'*Aristote*, le *Lycée*, celle des *Stoïciens*, le *Portique* (στοά) d'où fut tiré le nom de Stoïcien, l'école d'*Epicure*, le *Jardin*, parce que Epicure enseignait dans des jardins.

A l'Académie de Platon succédèrent encore trois autres académies fondées par ses disciples : *Speusippe* fonda la première, *Arcésilas*, la deuxième, *Carnéade*, la troisième.

Ces académies inclinèrent vers le scepticisme. *Speusippe* et *Arcésilas* accordèrent tous deux leur façon de penser à la *Skepsis* et *Carnéade* monta encore un ton plus haut. C'est pourquoi les sceptiques, ces subtils philosophes dialecticiens, furent aussi nommés les *Académiciens*. Aussi les académiciens suivirent le premier grand sceptique *Pyrrhon* et ses successeurs. Leur maître Platon leur avait lui-même ouvert la voie en exposant beaucoup de ses thèses sous forme de *dialogue*, introduisant des raisons *pour* ou *contre*, sans trancher lui-même, bien qu'il fût par ailleurs fort *dogmatique*.

Si l'on fait commencer l'époque du scepticisme avec Pyrrhon, on trouve toute une école de sceptiques, qui se distinguent essentiellement des *dogmatiques* par leur manière de penser et leur méthode philosophique, puisqu'ils adoptaient pour première maxime de tout usage philosophique de la raison : *suspendre son jugement lors même que l'apparence de la vérité est la plus grande* ; et qu'ils érigeaient en principe que la *philosophie consiste dans l'équilibre du jugement et nous apprend à détecter la fausse apparence.* Mais de ces sceptiques il ne nous est resté que les deux œuvres de *Sextus Empiricus*, où il a collectionné tous les doutes.

Lorsque dans la suite, la philosophie passa des Grecs aux Romains, elle n'a pas gagné en extension, car les Romains demeurèrent toujours de simples *disciples*.

Cicéron fut un disciple de *Platon* en philosophie spéculative ; en morale un stoïcien. Les plus célèbres sectateurs des stoïciens furent *Epictète*, *Antonin le philosophe* et *Sénèque*. Il n'y eut pas de naturalistes chez les Romains hormis *Pline l'ancien*, qui a laissé une Histoire naturelle.

Finalement la culture disparut également chez les Romains et la *Barbarie* survint, jusqu'à ce que les Arabes aux VIe et VIIe siècles commencent à s'appliquer aux sciences et à remettre Aristote en honneur. Alors les sciences réapparurent en Occident et spécialement l'autorité d'Aristote qu'on suivit de façon servile. Aux XIᵉ et XIIᵉ siècles apparurent les *scolastiques* ; ils commentèrent *Aristote* et poussèrent ses subtilités à l'infini. On ne s'occupa que de pures abstractions. Cette méthode scolastique de pseudo-philosophie fut évincée à l'époque de la Réforme ; et il y eut alors les *Eclectiques* en philosophie, c'est-à-dire des penseurs indépendants qui ne se rattachaient à aucune école, mais qui cherchaient et recueillaient la vérité partout où ils la trouvaient.

Mais dans les temps modernes, la philosophie doit ses progrès pour une part au développement de l'étude de la nature, pour une part à la conjonction de la mathématique et de la physique. L'ordre qui s'instaura dans la pensée grâce à l'étude de ces sciences, s'étendit aussi aux branches et aux parties spéciales de la philosophie proprement dite. Le premier à étudier la nature et le plus grand à la période moderne fut *Bacon de Vérulam*. Il engagea ses recherches dans la voie de l'expérience et il attira l'attention sur l'importance et la nécessité de l'*observation* et de l'*expérimentation* dans la découverte de la vérité. Au reste il est difficile de dire d'où vint au juste le progrès de la philosophie spéculative. Ce n'est pas un moindre mérite à cet égard que s'acquit *Descartes* en ne faisant pas peu pour *rendre la pensée distincte* grâce au critère de vérité qu'il proposa et qu'il mit dans la *clarté* et l'*évidence* de la connaissance.

Parmi les plus grands réformateurs de la philosophie de notre époque et qui méritèrent le plus, il faut aussi compter *Leibniz* et *Locke*. Ce dernier s'efforça d'analyser l'entendement humain et de montrer de quelles facultés et de quelles opérations de celui-ci relevait telle ou telle connaissance. Mais il n'a pas mené à terme cette tentative et sa méthode est dogmatique ; il n'en rendit pas moins le service d'inviter à une étude plus poussée et plus approfondie de la nature de l'âme.

Quant à la méthode dogmatique particulière propre à

Leibniz et à *Wolf*, elle était était gravement fautive. Elle comporte même tant d'illusion qu'il est tout à fait nécessaire de suspendre le procédé tout entier et de lui en substituer un autre : *la méthode critique de philosopher,* qui consiste à enquêter sur le procédé de la raison elle-même, à analyser l'ensemble de la faculté humaine de connaissance et à examiner jusqu'où peuvent bien s'étendre ses limites.

A notre époque, *la philosophie de la nature* est en plein épanouissement et parmi les physiciens on compte de grands noms, par exemple *Newton.* Il n'est pas à vrai dire possible de retenir dès maintenant les noms de philosophes modernes considérés comme remarquables et durables, car ici tout est pour ainsi dire mouvant. Ce que l'un construit, l'autre le jette à bas.

Dans la philosophie morale, nous n'avons pas dépassé les Anciens. Mais en ce qui concerne la métaphysique, on dirait que nous demeurons interdits devant la recherche des vérités métaphysiques. Il se manifeste une sorte d'*indifférentisme* à l'endroit de cette science, car on semble mettre un point d'honneur à parler de façon méprisante des recherches métaphysiques, comme de subtilités. Et pourtant la métaphysique c'est la philosophie par excellence, la vraie !

Notre époque est l'époque de la *critique,* et il faut voir ce qui sortira des entreprises critiques de notre temps, au point de vue de la philosophie et de la métaphysique en particulier.

V

La connaissance en général — Connaissance intuitive et discursive ; intuition et concept, en particulier ce qui les distingue — perfection logique et esthétique de la connaissance.

Toute notre connaissance comporte une *double* relation ; d'abord une relation à l'*objet,* ensuite une relation au *sujet.*

Au premier point de vue, elle se rapporte à la *représentation* ; au second, à la *conscience,* condition universelle de toute connaissance en général — (A proprement parler, la conscience c'est une représentation qu'une autre représentation est en moi).

En toute connaissance, il faut distinguer la *matière,* c'est-à-dire l'objet, et la *forme,* c'est-à-dire la manière dont nous connaissons l'objet. Si par exemple un sauvage voit une maison au loin, dont il ne sait pas à quoi elle sert, il ne s'en représente pas moins exactement le même objet qu'un autre homme, qui sait parfaitement qu'elle est destinée à l'habitation humaine. Mais au point de vue de la forme, cette connaissance d'un seul et même objet est différente chez les deux hommes. Chez l'un, elle est une *simple intuition,* chez l'autre, elle est *intuition et concept en même temps.*

La variété dans la forme de la connaissance repose sur une condition qui accompagne toute connaissance : la *conscience.* Si j'ai conscience de la représentation, elle est *claire ;* si je n'en ai pas conscience, elle est *obscure* [23].

Puisque la conscience est la condition essentielle de toute forme logique de la connaissance, la logique ne peut et ne doit avoir affaire qu'à des représentations claires et non obscures. En logique nous ne voyons pas comment naissent les représentations ; mais simplement comment elles s'accordent avec la forme logique. De façon générale, la logique ne peut pas non plus traiter des simples représentations et de leur possibilité. Elle laisse cela à la métaphysique. Elle-même s'occupe simplement des règles de la pensée dans les concepts, jugements, raisonnements, moyens par lesquels la pensée s'exerce. Assurément, il se produit quelque chose avant qu'une représentation devienne concept. Nous le montrerons en son lieu. Mais nous ne chercherons pas comment naissent les représentations. A vrai dire la logique traite aussi de la connaissance, puisque dans le connaître, il y a déjà la pensée. Mais une représentation n'est pas encore une connaissance, c'est la connaissance qui présuppose toujours la représentation. Et cette dernière ne se laisse absolument pas définir.

Car on ne pourrait répondre à la question : qu'est-ce que la représentation ? qu'en recourant toujours encore à une autre représentation dans la définition.

Toutes les représentations claires, auxquelles seules s'appliquent les règles logiques peuvent maintenant être divisées au point de vue de la *distinction* <Deutlichkeit> et de l'*indistinction* <Undeutlichkeit>. Si nous avons conscience de toute la représentation, sans avoir conscience de la multiplicité qu'elle contient, la représentation est indistincte. Pour éclaircir la chose, commençons par proposer un exemple à l'intuition.

Nous apercevons de loin une maison de campagne. Si nous avons conscience que l'objet donné dans l'intuition est une maison, nous devons également avoir une représentation des différentes parties de cette maison, fenêtres, portes, etc. Car si nous ne voyions pas les parties, nous ne verrions pas non plus la maison elle-même. Mais nous n'avons pas conscience de cette représentation de la multiplicité de ses parties et de ce fait notre représentation de l'objet pensé lui-même est une représentation indistincte.

Si nous cherchons un autre exemple d'indistinction dans les concepts, nous pouvons prendre le concept de beauté. Chacun a de la beauté un concept clair. Mais divers caractères s'attachent à ce concept, entre autres que le beau doit être quelque chose qui 1) tombe sous le sens, et qui 2) plaît universellement. Or, si nous ne pouvons pas démêler la multiplicité de tels caractères du beau, notre concept en demeure indistinct.

Les disciples de Wolf appellent *confuse* <verworrene> la représentation indistincte[24]. Mais ce terme ne convient pas, car le contraire de confusion n'est pas distinction, mais ordre <Ordnung>. Il est vrai que la distinction est un effet de l'ordre et l'indistinction, un effet de la confusion, et que par suite toute connaissance confuse est également une connaissance sans distinction. Mais la réciproque n'est pas vraie, toute connaissance indistincte n'est pas une connaissance confuse. Car dans les connaissances qui ne comportent pas de multiplicité, on ne trouve pas d'ordre, mais pas de confusion non plus.

C'est le cas de toutes les *représentations simples* qui ne deviennent jamais distinctes, non parce qu'on y trouve de la confusion, mais parce qu'on n'y trouve pas de multiplicité. Il faut donc les appeler indistinctes mais non pas confuses.

Et même dans les représentations composées, où l'on peut distinguer une multiplicité de caractères, l'indistinction provient non de la confusion mais de la *faiblesse de la conscience.* Ainsi quelque chose peut-être distinct selon la *forme,* c'est-à-dire que je peux avoir conscience de la multiplicité dans la représentation mais la distinction peut s'affaiblir du point de vue de la matière, si le degré de conscience diminue, bien que l'ordre reste intact. Tel est le cas des représentations abstraites.

La distinction elle-même peut être de deux sortes :

En premier lieu, *sensible* — Celle-ci consiste en la conscience de la multiplicité dans l'intuition. Je vois par exemple la voie lactée comme une bande blanchâtre ; les rayons lumineux provenant de chacune des étoiles qui la constituent doivent nécessairement être parvenus à mes yeux. Mais la représentation que j'en avais était claire seulement et ne deviendra distincte que grâce au télescope, parce que je vois maintenant chacune des étoiles contenues dans cette bande blanche.

En second lieu, *intellectuelle* — *Distinction dans les concepts ou distinction d'entendement.* Elle dépend de l'analyse du concept au point de vue de la multiplicité qui y est contenue. C'est ainsi qu'on trouve dans le concept de *vertu* les caractères suivants : 1) le concept de liberté ; 2) le concept d'attachement aux règles (le devoir) ; 3) le concept de maîtrise de la force des inclinations dans la mesure où elles s'opposent à cette règle. Or, si nous décomposons ainsi le concept de vertu en ses éléments constituants, précisément grâce à cette analyse nous nous le rendons distinct. Mais en le rendant distinct nous n'ajoutons rien à un concept, nous ne faisons que le définir. Par conséquent, les concepts ne sont, par la distinction, nullement perfectionnés quant à la *matière,* mais uniquement quant à la *forme.*

En réfléchissant sur notre connaissance au point de vue des deux facultés essentiellement distinctes de la sensibilité et de l'entendement, d'où elles naissent, nous sommes conduits à la distinction entre intuitions et concepts [25]. De fait, toutes nos connaissances, considérées à ce point de vue, sont soit des *intuitions,* soit des *concepts.* Les premières ont leur source dans la *sensibilité,* faculté des intuitions ; les secondes dans l'*entendement,* faculté des concepts. Telle est la distinction *logique* entre entendement et sensibilité, distinction selon laquelle cette dernière ne fournit que des intuitions, le premier que des concepts. Assurément ces deux facultés peuvent également être considérées d'un autre point de vue et définies d'autre façon ; ainsi la sensibilité comme pouvoir de *réceptivité,* l'entendement comme pouvoir de *spontanéité.* Mais ce mode de définition n'est pas logique, mais *métaphysique.* On a coutume aussi d'appeler la sensibilité faculté *inférieure,* l'entendement faculté *supérieure,* en raison du fait que la sensibilité fournit simplement la matière de la pensée, alors que l'entendement dispose de cette matière et la soumet à des règles ou à des concepts.

Sur la distinction qui vient d'être proposée entre connaissances *intuitives* et *discursives* ou entre intuitions et concepts se fonde la différence entre la *perfection esthétique* et la *perfection logique* de la connaissance.

Une connaissance peut être parfaite, soit selon les lois de la sensibilité, soit selon les lois de l'entendement ; dans le premier cas, elle est *esthétiquement* parfaite, dans le second *logiquement* parfaite. Ces deux sortes de perfection, esthétique et logique, sont donc distinctes ; la première relève de la sensibilité, la seconde de l'entendement. La perfection logique de la connaissance repose sur son accord avec l'objet, donc sur des lois qui ont *validité universelle*, et elle peut par conséquent être également estimée d'après des normes *a priori*. La perfection esthétique consiste dans l'accord avec le sujet, et elle repose sur la sensibilité particulière de l'homme. Aussi dans la perfection esthétique, il n'y a pas de place pour des lois ayant validité objective universelle, en référence auxquelles on pourrait l'estimer *a priori* de façon universellement valable pour tout être pensant en général. Néanmoins comme il y a également des lois universelles de la sensibilité qui, à défaut de valoir objectivement pour tout être pensant, ont tout de même une validité objective pour l'humanité entière [26], on peut concevoir également une perfection esthétique, qui renferme le principe d'une satisfaction subjectivement universelle. C'est la *beauté* : ce qui plaît aux sens dans l'*intuition* et précisément pour cette raison peut être l'objet d'une satisfaction universelle, puisque les lois de l'intuition sont des lois universelles de la sensibilité.

Cet accord avec les lois universelles de la sensibilité distingue spécifiquement le *beau* en ce qu'il a de *propre* et d'*indépendant* <selbstständige>, dont l'essence consiste dans la *simple forme*, de l'*agréable* qui plaît uniquement dans la sensation par l'attrait ou l'émotion et qui pour cette raison ne peut fonder qu'une satisfaction simplement individuelle.

C'est aussi cette perfection essentiellement esthétique, qui s'accorde entre toutes avec la perfection logique, et se lie le mieux avec elle.

Considérée de ce point de vue, la perfection esthétique, eu égard à ce beau essentiel, peut donc être avantageuse à la perfection logique. Mais d'un autre point de vue, elle lui est également préjudiciable, dans la mesure où dans la perfection esthétique nous ne voyons que le beau *inessentiel*, l'*attrayant* ou l'*émouvant*, ce qui plaît aux sens dans la simple sensation et qui ne se rapporte pas à la simple forme, mais à la matière de la sensibilité. Car l'attrait et l'émotion sont au plus haut point capables de gâter la perfection logique dans nos connaissances et nos jugements.

A n'en pas douter, il reste toujours, de façon générale, entre la perfection esthétique et la perfection logique de notre connaissance, une sorte de conflit qui ne peut jamais être complètement surmonté. L'entendement demande à être instruit ; la sensibilité à être animée ; le premier désire pénétrer <Einsicht>, la seconde saisir <Fasslichkeit>. Si les connaissances doivent instruire, elles doivent pour cela être approfondies ; si elles doivent en même temps captiver, elles doivent également être belles. Si un exposé est beau mais superficiel, il peut plaire à la sensibilité seulement, mais non à l'entendement ; est-il au contraire profond, mais aride, c'est au seul entendement qu'il plaira, mais non à la sensibilité.

Cependant, puisque pour répondre au besoin de la nature humaine et pour vulgariser la connaissance, il nous faut chercher à unir l'une à l'autre les deux perfections, nous devons avoir à cœur de procurer la perfection esthétique aux connaissances qui s'y prêtent et de vulgariser grâce à la forme esthétique une connaissance scolastiquement et logiquement parfaite. Dans cet effort pour lier la perfection esthétique à la perfection logique dans nos connaissances, nous ne devons pas perdre de vue les règles suivantes : 1) que la perfection logique soit la base de toutes les autres perfections et par conséquent ne doive être complètement subordonnée ni sacrifiée à aucune autre ; 2) qu'on regarde principalement à la perfection esthétique *formelle* — l'accord d'une connaissance avec les lois de l'intuition — puisque c'est précisément en cela que consiste ce qui est essentiellement beau et ce qui peut le mieux être uni à la perfection logique ; 3) qu'il faut être très circonspect à l'endroit de l'*attrait* et de l'*émotion*, moyens par lesquels une connaissance agit sur la sensation et suscite l'intérêt pour elle, puisque de cette façon l'attention peut si facilement être détournée de l'objet vers le sujet, ce qui ne manque pas d'exercer une influence visiblement très fâcheuse sur la perfection logique de la connaissance.

Pour rendre encore plus manifestes les différences essentielles qui existent entre la perfection logique et la perfection esthétique de la connaissance, non seulement de façon générale, mais à divers points de vue particuliers nous allons les comparer selon les quatre moments principaux de la quantité, qualité, relation et modalité d'après lesquels on estime la perfection de la connaissance.

Une connaissance est parfaite 1) selon la quantité, si elle est *universelle ;* 2) selon la qualité, si elle est *distincte ;* 3) selon la relation, si elle est *vraie* et enfin 4) selon la modalité, si elle est *certaine.*

Donc considérée aux points de vue qui viennent d'être indiqués, une connaissance sera logiquement parfaite selon la quantité si elle possède l'universalité objective (universalité du concept ou de la règle) — selon la qualité, si elle possède la distinction objective (distinction dans le concept) — selon la relation, si elle a la vérité objective — et enfin, selon la modalité, si elle a la certitude objective.

A ces perfections logiques correspondent les perfections esthétiques suivantes, au point de vue de ces quatre moments principaux :

1) *l'universalité esthétique* — Elle consiste en l'applicabilité d'une connaissance à une multitude d'objets, qui servent d'exemples, auxquels l'application en peut être faite et grâce à quoi elle devient utilisable dans un but de vulgarisation.

2) *la distinction esthétique* — C'est la distinction dans l'intuition, où, au moyen d'exemples, un concept pensé abstraitement est exposé et expliqué *in concreto.*

3) *la vérité esthétique* — Une vérité simplement subjective, qui consiste uniquement dans l'accord de la connaissance avec le sujet et les lois de l'apparence sensible et qui par suite n'est rien de plus qu'une apparence universelle.

4) *la certitude esthétique* — Elle se fonde sur ce qui est nécessaire d'après le témoignage des sens, c'est-à-dire ce qui est validé par la sensation et l'expérience.

Dans les perfections que nous venons de désigner apparaissent toujours deux éléments qui par leur union harmonieuse produisent la perfection en général : la *multiplicité* et l'*unité*. Du côté de l'entendement, l'unité réside dans le concept, du côté des sens, elle réside dans l'intuition.

La simple multiplicité sans unité ne peut nous satisfaire. Et c'est pourquoi, entre toutes, la vérité est la perfection principale, parce qu'elle est le fondement de l'unité, grâce au rapport de notre connaissance à l'objet. Même dans la perfection esthétique, la vérité demeure toujours la *conditio sine qua non*, la plus importante condition négative, sans laquelle rien ne peut plaire universellement au goût. Aussi personne ne peut espérer progresser dans les belles-sciences [27] s'il n'a pas mis la perfection logique au fondement de sa connaissance. C'est en combinant le plus possible de façon générale la perfection logique et la perfection esthétique concernant de telles connaissances, perfections qui, à elles deux, doivent instruire et intéresser, que se manifestent effectivement le caractère et l'art du génie [28].

VI

Perfections logiques particulières de la connaissance.

A. *Perfection logique de la connaissance selon la quantité — Grandeur. Grandeur extensive et intensive —Etendue et profondeur ou importance et fécondité de la connaissance — Détermination de l'horizon de nos connaissances.*

La grandeur de la connaissance peut être prise en deux sens : soit grandeur *extensive*, soit grandeur *intensive*. La première se rapporte à l'extension <Umfang> de la connaissance et consiste par conséquent dans sa masse <Menge> et dans sa variété <Mannigfaltigkeit> ; la seconde se rapporte à sa teneur <Gehalt> qui concerne la *fertilité* <Vielgültigkeit> ou l'importance logique et la fécondité d'une connaissance en tant qu'elle est considérée comme le fondement de conséquences nombreuses et importantes *(non multa, sed multum)*.

Dans l'extension de nos connaissances ou son perfectionnement selon sa grandeur extensive, il est bon de procéder à une estimation de la mesure dans laquelle une connaissance s'accorde avec nos fins et nos capacités. Cet examen concerne la détermination de l'*horizon* [29] de nos connaissances, par où il faut *entendre la juste proportion* <Angemessenheit> de la *grandeur de nos connaissances dans leur ensemble avec les capacités et les fins du sujet.*

Cet horizon peut être déterminé :

1) *logiquement*, d'après le pouvoir ou les facultés de connaître dans leur rapport avec l'*intérêt* [30] *de l'entendement.* De ce point de vue, il nous faut évaluer : jusqu'à quel point nous pouvons pénétrer dans nos connaissances, jusqu'à quel point nous devons y avancer, et dans quelle mesure certaines connaissances sont utiles au point de vue logique comme moyens en vue de telle ou telle connaissance capitale considérée comme notre fin ;

2) *esthétiquement*, d'après le goût dans son rapport à l'*intérêt du sentiment.* Celui qui détermine esthétiquement son horizon cherche à présenter la science selon le goût du public, c'est-à-dire à la rendre populaire ou, de façon générale, à n'acquérir que des connaissances auxquelles tous peuvent avoir part et auxquelles même les gens sans instruction trouvent agrément et intérêt ;

3) *pratiquement*, d'après l'*utilité* dans son rapport à l'*intérêt de la volonté.* L'horizon pratique, dans la mesure où il

est déterminé en fonction de l'influence qu'une connaissance exerce sur notre moralité est *pragmatique* et de la plus haute importance.

Donc l'horizon concerne l'évaluation et la détermination de ce que l'homme est *capable* de savoir, de ce qui lui est *permis* de savoir, et de ce qu'il est de son *devoir* de savoir.

En ce qui concerne maintenant en particulier l'horizon déterminé de façon théorique ou logique — et ici il ne peut être question que de celui-ci — nous pouvons le considérer soit au point de vue *objectif*, soit du point de vue *subjectif*.

Eu égard aux *objets*, l'horizon est soit *historique*, soit *rationnel*. Le premier est beaucoup plus étendu que le second ; il est même infiniment grand, car notre connaissance historique n'a pas de limites. L'horizon rationnel au contraire est assignable ; on peut déterminer par exemple à quelle sorte d'objets la connaissance mathématique ne saurait être étendue. De même également s'agissant de la connaissance rationnelle philosophique, jusqu'où peut bien aller la raison *a priori* sans aucune expérience ?

Au point de vue du sujet, l'horizon est soit *universel* et *absolu*, soit *particulier* et *conditionné* (horizon personnel).

Par horizon absolu et universel, il faut entendre la congruence des limites de la connaissance humaine avec les limites de l'entière perfection humaine en général. Par conséquent la question qui se pose ici est la suivante : que peut connaître l'homme en tant qu'homme en général ?

La détermination de l'horizon personnel dépend de multiples conditions empiriques et de considérations particulières, par exemple, l'âge, le sexe, la condition sociale, le mode de vie et autres choses de ce genre. Chaque classe d'hommes a donc son horizon propre en rapport avec la particularité de ses facultés de connaissance, de ses fins et de ses points de vue ; chaque individu a le sien selon la mesure de l'individualité de ses facultés, de ses points de vue. Enfin nous pouvons encore concevoir également un horizon de la *saine*

raison <gesunden Vernunft> et un horizon de la *science*
qui requiert en plus des *principes* permettant la détermination de *ce que nous pouvons savoir et de ce que nous ne
pouvons pas savoir.*

Ce que nous ne *pouvons* pas savoir est *au-dessus* de notre
horizon ; ce qu'il ne nous est pas *permis* ou ce que nous
n'avons pas besoin de connaître est *en dehors* de notre
horizon. Toutefois la valeur de ce dernier cas peut être uniquement *relative* à la considération de telles ou telles fins
personnelles particulières que certaines connaissances
pourraient empêcher d'atteindre, loin d'y contribuer en
aucune façon. Car il n'est point de connaissance qui soit
superflue et inutile de façon absolue et à tous égards, encore
que nous ne soyons pas toujours à même d'en apercevoir
l'utilité. — C'est par conséquent une objection aussi mal
avisée qu'injuste que les esprits superficiels adressent aux
grands hommes qui consacrent aux sciences des soins labo-
rieux lorsqu'ils viennent demander : *à quoi cela sert-il ?* On
ne doit en aucun cas poser une telle question quand on
prétend s'occuper de science. A supposer qu'une science ne
puisse apporter d'explication que sur un quelconque objet
possible, de ce seul fait son utilité serait déjà suffisante.
Toute connaissance logiquement parfaite a toujours quelque
utilité possible : même si elle *nous* échappe jusqu'à présent,
il se peut que la postérité la découvre. — Si en cultivant les
sciences on n'avait jamais mesuré l'utilité qu'au profit matériel
qu'on pourrait retirer, nous n'aurions pas l'arithmétique et
la géométrie. Aussi bien notre intelligence est ainsi conformée
qu'elle trouve satisfaction dans la simple connaissance, et
même une satisfaction plus grande que dans l'utilité qui en
résulte. Platon l'avait déjà remarqué. L'homme y prend
conscience de sa valeur propre ; il a la sensation de ce qui se
nomme : avoir l'intelligence. Les hommes qui ne sentent pas
cela doivent envier les bêtes. La valeur *intrinsèque* que les
connaissances tiennent de leur perfection logique est incom-
parable avec leur valeur *extrinsèque*, qu'elles tirent de leur
application.

C'est dans un sens *relatif* et aucunement absolu qu'il faut entendre aussi bien ce qui est *en dehors* de notre horizon, c'est-à-dire ce que nous pouvons ne pas savoir parce que nos fins ne le requièrent pas, que ce qui se situe *en-dessous* de notre horizon, c'est-à-dire ce qui nous est *préjudiciable* et que nous *devons* ne pas savoir.

En vue de l'extension et de la démarcation de notre connaissance, voici les règles à observer :

1) c'est assurément de *bonne heure* qu'il faut déterminer son horizon, mais à la vérité pas avant d'être capable de le déterminer soi-même, ce qui n'est ordinairement pas le cas avant l'âge de vingt ans ;

2) ne pas en changer à la légère et fréquemment (ne pas passer d'un horizon à un autre) ;

3) ne pas mesurer l'horizon des autres par le sien propre et ne pas tenir pour inutile ce qui ne nous sert à rien, à nous ; il serait téméraire de vouloir déterminer l'horizon des autres, puisqu'on ne connaît suffisamment ni leurs capacités ni leurs fins ;

4) ne l'étendre ni le restreindre exagérément. Car qui veut trop savoir finit par ne rien savoir et, à l'inverse, celui qui croit que certaines choses ne le concernent pas bien souvent se trompe ; ainsi, par exemple, si le philosophe croyait que la connaissance de l'histoire lui est inutile.

Il faut également chercher :

5) à déterminer, par avance, l'horizon absolu de l'espèce humaine tout entière (aussi bien pour le passé que pour l'avenir), et en particulier également :

6) à déterminer la place que notre science occupe dans l'horizon de la connaissance totale. C'est à quoi sert l'Encyclopédie universelle, mappemonde des sciences ;

7) dans la détermination de son horizon particulier, que chacun s'examine soigneusement : pour quel domaine de la connaissance présente-t-il le plus d'aptitude et éprouve-t-il le plus d'inclination ; ce qui est plus ou moins nécessaire en considération de certains devoirs ; ce qui est incompatible avec les devoirs *nécessaires* ;

8) enfin, il faut chercher à toujours élargir son horizon plutôt qu'à le restreindre.

De façon générale, l'élargissement de la connaissance ne doit pas faire craindre ce que redoutait *d'Alembert*. Car nous ne sommes pas accablés par le poids de nos connaissances, mais contraints par l'étroitesse de leur champ. La critique de la raison, de l'histoire et des écrits historiques — un esprit universel qui s'adonne à la connaissance humaine *en gros* et pas simplement *en détail*, ne cesseront de restreindre le champ sans appauvrir le contenu. Ce sont simplement les scories qui se séparent du métal, le minerai pauvre, le support qui fut jusqu'alors nécessaire. Avec le développement de l'histoire naturelle, de la mathématique, etc., ce seront de nouvelles méthodes qui seront découvertes, propres à condenser le savoir antérieur et à rendre superflus quantité de livres. De la découverte de telles méthodes et de tels principes nouveaux dépend la possibilité que nous soyons à même, grâce à eux, de tout découvrir par nous-mêmes, à notre gré, sans accabler la mémoire. Aussi mérite-t-il bien de l'histoire, le génie qui la résume en idées capables de demeurer à jamais.

A la perfection logique de la connaissance au point de vue de son extension s'oppose l'*ignorance*[31]. Imperfection *négative* ou imperfection du *manque*, qui, en raison des limites de notre intelligence, demeure inséparable de notre connaissance.

Nous pouvons considérer l'ignorance d'un point de vue *objectif* et d'un point de vue *subjectif*.

1) considérée objectivement, l'ignorance est soit *matérielle,* soit *formelle.* La première est un défaut de connaissance historique, la seconde un défaut de connaissance rationnelle. On ne doit être tout à fait ignorant en aucun domaine, mais on peut fort bien limiter la connaissance historique pour s'attacher davantage à la connaissance rationnelle ou inversement.

2) dans sa signification *subjective,* l'ignorance peut être ou bien savante, *scientifique* ou bien *vulgaire* — Celui qui voit distinctement les limites de la connaissance, par conséquent le champ de l'ignorance, à partir d'où il commence à s'étendre, — par exemple le philosophe qui aperçoit et montre à quoi se limite notre capacité de savoir relatif à la structure de l'or, faute des données requises à cet effet, est ignorant de façon *technique* ou savante. Au contraire, celui qui est ignorant sans apercevoir les raisons des limites de l'ignorance et sans s'en inquiéter, est ignorant de façon non-savante. Un tel homme ne sait même pas qu'il ne sait rien. Car il est impossible d'avoir la représentation de son ignorance autrement que par la science ; tout comme un aveugle ne peut se représenter l'obscurité avant d'avoir recouvré la vue.

Ainsi la connaissance de notre ignorance suppose que nous ayons la science et du même coup nous rend modeste, alors qu'au contraire s'imaginer savoir gonfle la vanité. Ainsi l'inscience de Socrate était une ignorance digne d'éloge ; de son propre aveu, une science de son inscience. Donc ceux qui possèdent une grande quantité de connaissances, et qui avec cela s'étonnent de la quantité de choses qu'ils ne savent pas, ne peuvent précisément encourir le reproche d'ignorance.

Irréprochable (inculpabilis) est de façon générale l'ignorance des choses dont la connaissance se situe au-dessus de notre horizon ; *permise* (encore que ce soit en un sens uniquement relatif), eu égard à l'usage spéculatif de nos pouvoirs de connaître, dans la mesure où ici les objets se situent *non au-dessus*, mais bien *en dehors* de notre horizon. *Honteuse*, elle l'est en revanche quand il s'agit des choses qu'il nous est fort nécessaire et même aisé de connaître.

Il y a une différence entre *ne pas connaître* une chose et l'*ignorer*, c'est-à-dire *n'y prendre aucunement garde*. Il est bon d'ignorer beaucoup de choses qu'il n'est pas bon pour nous de savoir.

L'abstraction est encore différente de l'une et de l'autre : on abstrait d'une connaissance quand on en ignore l'application, grâce à quoi on l'obtient *in abstracto*, ce qui permet alors de la mieux considérer dans sa généralité comme principe. Cette façon de faire abstraction de ce qui dans la connaissance d'une chose ne relève pas de notre propos est utile et recommandable.

De façon générale, les logiciens sont historiquement ignorants. Le savoir historique sans limites déterminées, c'est la *polyhistoire* ; elle enfle de vanité. S'il s'agit de la connaissance rationnelle, c'est le terme de *polymathie* qui convient. L'un et l'autre, savoir historique aussi bien que rationnel, étendus sans limites déterminées peuvent être nommés *pansophie*. Au savoir historique appartient la science des instruments de l'érudition, la *philologie* qui englobe une connaissance critique des livres et des langues (littérature et linguistique).

La simple polyhistoire est une érudition de *cyclope* : il lui manque un œil, l'œil de la philosophie ; et un cyclope des mathématiques, de l'histoire, de la science de la nature, de la philologie et de la linguistique est un érudit qui est savant dans toutes ces disciplines, mais qui considère que toute philosophie les concernant est superflue.

Une partie de la philologie est constituée par les *humanités (Humaniora)* [32] ; on entend par là la connaissance des Anciens qui favorise *l'union de la science et du goût*, dégrossit et favorise les échanges intellectuels ainsi que l'urbanité qui définissent l'humanité.

Les humanités *(Humaniora)* visent donc à une initiation à ce qui sert à la culture du goût selon le modèle des Anciens. En font partie par exemple : l'éloquence, la poésie, la culture qu'on acquiert en lisant les auteurs classiques, etc. Tous ces savoirs humanistes, on peut les considérer comme relevant de la partie pratique de la philologie, visant immédiatement à la formation du goût. Mais si nous distinguons, en outre, le simple philologue de l'humaniste, c'est qu'ils se séparent sur ce point : ce que le premier cherche chez les Anciens ce sont les instruments de l'*érudition*, tandis que ce que cherche le second, ce sont les intruments de *la formation du goût*.

L'homme de lettres ou *bel esprit* * est un humaniste selon des modèles contemporains dans les langues vivantes. Il n'est donc pas un savant — car seules les *langues mortes* sont aujourd'hui des langues savantes [33] — c'est un simple dilettante des connaissances du goût selon la *mode*, sans avoir besoin des Anciens. On pourrait l'appeler le *singe* de l'humaniste. Le polyhistorien doit être, comme philologue, *linguiste* et *lettré*, comme humaniste, un *classique* et un interprète des classiques — En tant que philologue, il est *cultivé*, en tant qu'humaniste, *civilisé*.

En matière de science, il y a deux corruptions du goût : le *pédantisme* et la *mondanité* <Galanterie>. L'un réserve la science à l'école et la réduit par là dans son *usage* ; l'autre se contente de vulgariser pour la société ou le monde, la réduisant ainsi dans son *contenu*.

On peut considérer de façon générale le pédant ou bien comme savant, par opposition à l'homme du monde — il s'agit alors du savant suffisant qui ignore le monde, c'est-à-dire la manière de faire profiter les hommes de sa science ; ou bien comme l'homme qui à vrai dire ne manque pas de talent, mais uniquement dans les *formules*, indépendamment de l'essence et des fins. En ce dernier sens, c'est un *éplucheur de formules* <Formalienklauber> : borné dans la considération du cœur des choses, il ne considère que l'enveloppe et

* En français dans le texte (N. d. T.).

la coquille. Il représente l'imitation malheureuse ou la *caricature* des esprits *méthodiques* — On peut donc encore appeler le pédantisme le souci du raffinement et l'inutile précision dans les formules (micrologie). Et semblable formalisme scolastique en dehors de l'école ne se rencontre pas seulement chez les savants et dans les matières savantes, mais également en d'autres lieux et en d'autres choses. Le *cérémonial des cours*, du monde est-ce autre chose que chasse aux formules et cavillation ? Dans l'armée, ce n'est pas tout à fait la même chose, en dépit des apparences. Mais dans la conversation, l'habillement, l'alimentation, la religion, règne souvent beaucoup de pédantisme.

Une perfection judicieuse dans les formules est *solidité* <Gründlichkeit> (perfection conforme aux règles de l'école, scolastique). Le pédantisme est donc solidité *affectée*, tout comme la mondanité, simple coquette en quête du suffrage du goût, n'est qu'une popularité affectée. Car la mondanité s'applique uniquement à se concilier le lecteur et à cette fin à se garder de le jamais heurter par un mot difficile.

Pour éviter le pédantisme, il faut une connaissance étendue non seulement des sciences elles-mêmes, mais encore de leur usage. Aussi n'y a-t-il que le vrai savant qui puisse s'affranchir du pédantisme qui est toujours le fait d'un esprit étroit.

Dans notre effort pour procurer à notre connaissance la perfection de la solidité scolastique en même temps que la popularité, sans tomber dans ces fautes d'une solidité affectée ou d'une popularité affectée, nous devons avant tout veiller à la perfection scolastique de notre connaissance — la forme scolastique de la solidité. C'est seulement ensuite qu'il convient de se demander comment on rendra cette connaissance méthodiquement apprise à l'école vraiment populaire, c'est-à-dire accessible à autrui et universellement communicable, sans que la popularité nuise à la solidité. Car il ne faut pas, pour l'amour de la perfection populaire, pour plaire au public, sacrifier la perfection scolastique sans laquelle toute science ne serait plus qu'un jouet et une futilité.

Pour apprendre la vraie popularité, il faut lire les Anciens, par exemple les traités philosophiques de Cicéron, les poètes : Horace, Virgile, etc. Parmi les modernes : Hume, Shafestbury, etc. Tous ces hommes avaient beaucoup fréquenté la société raffinée, condition indispensable pour pouvoir être populaire. Car la vraie popularité exige une grande connaissance pratique du monde et des hommes, une connaissance des notions, des goûts et des inclinations des hommes, toutes choses auxquelles il faut avoir égard dans l'exposition et même dans le choix des expressions convenables, appropriées à la popularité. Une telle façon de se mettre à la portée (condescendance) de la compréhension du public et de sa manière habituelle de s'exprimer, qui ne relègue nullement au second plan la perfection scolastique, mais se contente de disposer la présentation de la pensée de façon à dissimuler l'*échafaudage* — ce qu'il y a de *scolastique* et de *technique* dans cette perfection — (à la façon dont on trace des lignes au crayon, sur lesquelles on écrit, puis qu'on efface) — cette perfection vraiment populaire de la connaissance est une perfection éminente et rare qui témoigne d'une pleine possession de la science. Entre autres nombreux mérites, elle a celui de pouvoir fournir la preuve de la complète connaissance d'une chose. Car la mise à l'épreuve simplement scolastique d'une connaissance laisse encore un doute : cette mise à l'épreuve n'a-t-elle pas été unilatérale et la connaissance elle-même a-t-elle bien une valeur reconnue par tous les hommes ? L'école a ses préjugés, tout comme le sens commun — Ici l'un corrige l'autre. Il est donc important de soumettre une connaissance à l'examen de gens dont l'intelligence ne dépend d'aucune école.

Cette perfection de la connaissance qui la rend propre à une communication aisée et universelle, on pourrait encore la nommer *extension extérieure* ou la grandeur extensive d'une connaissance, puisqu'elle se répand à l'*extérieur* parmi beaucoup d'hommes.

Etant donné qu'il y a tant de connaissances diverses, on fera bien de se faire un plan, d'après lequel on ordonnera les sciences de façon à les accorder au mieux à nos fins et à contribuer à leur promotion. Toutes les connaissances se soutiennent mutuellement selon un enchaînement naturel. Or, si dans l'effort pour étendre les connaissances, on perd de vue cette cohérence d'ensemble, il ne résultera de la multiplicité de nos savoirs qu'une simple *rhapsodie*. Mais si l'on prend une science principale comme fin et si on considère toutes les autres connaissances comme de simples moyens pour y parvenir, alors nous conférons à notre connaissance un certain caractère systématique — Et pour procéder dans l'extension de sa connaissance selon un tel plan convenable et ordonné, il faut donc chercher à s'initier à cette cohésion d'ensemble des connaissances. Pour cela ce qui nous sert de guide, c'est l'*architectonique*[34] des sciences qui est *un système selon les idées*, dans lequel les *sciences sont considérées au point de vue de leur affinité et de leur liaison systématique en un tout de la connaissance intéressant l'humanité.*

En ce qui concerne la grandeur intensive de la connaissance c'est-à-dire sa teneur ou sa fertilité <Vielgültigkeit> et son importance, qui se distingue essentiellement, comme nous l'avons remarqué plus haut, de sa grandeur extensive, de sa simple *étendue* <Weitläuftigkeit>, nous nous contenterons de faire ici les quelques remarques suivantes :

1) une connaissance qui s'applique à la *grandeur*, c'est-à-dire au tout de l'emploi de l'intelligence doit être distingué de la *subtilité appliquée au détail* (micrologie) ;

2) il faut qualifier de connaissance *logiquement importante* tout ce qui favorise la perfection logique *selon la forme*, par exemple toute proposition mathématique, toute loi de la nature distinctement aperçue, toute exposition philosophique correcte. L'importance *pratique* ne peut être *prévue d'avance*, mais il faut *l'escompter* ;

3) il ne faut pas prendre la *difficulté* pour l'importance. Une connaissance peut être difficile sans être importante et inversement. Ainsi la difficulté ne décide ni pour ni contre la valeur et l'importance d'une connaissance. Celle-ci dépend de la grandeur ou de la multiplicité des conséquences. Plus les conséquences d'une connaissance sont grandes ou nombreuses et plus on en peut faire usage, plus elle est importante. — Une connaissance sans conséquences importantes s'appelle une *subtilité ;* telle fut par exemple la philosophie scolastique.

VII

B. *Perfection logique de la connaissance selon la relation — Vérité — Vérité matérielle et formelle ou logique — Critères de la vérité logique. Fausseté et erreur — L'apparence comme source de l'erreur — Moyens d'éviter l'erreur.*

Une perfection majeure de la connaissance et même la condition essentielle et inséparable de toute sa perfection, c'est la *vérité* [35]. La vérité, dit-on, consiste dans l'accord de la connaissance avec l'objet. Selon cette simple définition de mot, ma connaissance doit donc s'accorder avec l'objet pour avoir valeur de vérité. Or le seul moyen que j'ai de comparer l'objet avec ma connaissance *c'est que je le connaisse.* Ainsi ma connaissance doit se confirmer elle-même ; mais c'est bien loin de suffire à la vérité. Car puisque l'objet est hors de moi et que la connaissance est en moi, tout ce que je puis apprécier c'est si ma connaissance de l'objet s'accorde avec ma connaissance de l'objet. Les anciens appelaient *diallèle* un tel cercle dans la définition. Et effectivement c'est cette faute que les sceptiques n'o.it cessé de reprocher aux logiciens; ils remarquaient qu'il en est de cette définition de la vérité comme d'un homme qui ferait une déposition au tribunal et invoquerait comme témoin quelqu'un que personne ne connaît, mais qui voudrait être cru en affirmant que celui qui l'invoque comme témoin est un honnête homme. Reproche absolument fondé, mais la solution du problème en question est totalement impossible pour tout le monde.

En fait la question qui se pose ici est de savoir si, et dans quelle mesure il y a un critère de la vérité certain, universel et pratiquement applicable. Car tel est le sens de la question : *qu'est-ce que la vérité ?* Pour être à même de trancher cette importante question, il nous faut soigneusement distinguer dans notre connaissance ce qui appartient à sa *matière* et se rapporte à l'*objet*, de ce qui concerne la simple *forme* comme la condition sans laquelle une connaissance ne serait, de façon générale, pas une connaissance.

Eu égard à cette distinction entre l'aspect *objectif*, *matériel* et l'aspect *subjectif*, formel, de notre connaissance, la question précédente se subdivise dans les deux questions que voici :

1) Y a-t-il un critère de la vérité universel et matériel ?

2) Y a-t-il un critère de la vérité universel et formel ?

Un critère matériel et universel de la vérité n'est pas possible — il est même en soi contradictoire. Car en tant qu'universel, valable pour tout objet en général, il devrait ne faire acception d'absolument aucune distinction entre les objets tout en servant cependant, justement en tant que critère matériel, à cette distinction-même, pour pouvoir déterminer si une connaissance s'accorde précisément à l'objet auquel elle est rapportée et non pas à un objet quelconque en général, ce qui ne voudrait proprement rien dire. Car la vérité matérielle doit consister dans cet accord d'une connaissance avec cet objet déterminé auquel elle est rapportée. En effet une connaissance qui est vraie si elle est rapportée à un objet, peut-être fausse si elle est rapportée à un autre. Il est donc absurde d'exiger un critère matériel universel de la vérité qui devrait à la fois faire abstraction et ne pas faire abstraction de toute différence entre les objets.

En revanche, si ce sont de critères *formels universels* qu'il s'agit, il est aisé de décider qu'il peut parfaitement y en avoir. Car la vérité *formelle* consiste simplement dans l'accord de la connaissance avec elle-même en faisant complètement abstraction de tous les objets et de toute différence entre eux. Et par conséquent les critères formels universels de la vérité ne sont rien d'autre que les caractères logiques universels de l'accord de la connaissance avec elle-même, ou ce qui est la même chose — avec les lois universelles de l'entendement et de la raison.

Ces critères formels universels ne sont assurément pas suffisants pour la vérité objective, mais ils doivent cependant être considérés comme sa *conditio sine qua non.*

Car avant de se demander si la connaissance s'accorde avec l'objet, il faut d'abord se demander si la connaissance s'accorde avec elle-même (selon la forme). Et telle est l'affaire de la logique.

Les critères formels de la vérité en logique sont :

1) *le principe de contradiction* [36],

2) *le principe de raison suffisante* [37].

Le premier détermine la *possibilité logique,* le second la *réalité logique* d'une connaissance.

La vérité logique d'une connaissance requiert en effet :

1) qu'elle soit logiquement possible, c'est-à-dire qu'*elle ne se contredise pas.* Mais cette marque de la vérité logique *interne* est seulement *négative* car une connaissance qui se contredit est assurément fausse, mais une connaissance qui ne se contredit pas n'est pas toujours vraie ;

2) qu'elle soit *fondée logiquement,* c'est-à-dire a) qu'elle ait des principes et b) qu'elle n'ait pas de conséquences fausses.

Ce second critère de la vérité logique *externe* ou de la *conformité à la rationalité* <Rationabilität> et de la connaissance qui concerne la connexion logique d'une connaissance avec les principes et les conséquences est *positif*. Et c'est ici que s'appliquent les règles suivantes :

1) De la *vérité de la conséquence* on peut conclure à la *vérité* de la connaissance prise pour principe, mais de façon négative seulement : si une conséquence fausse suit d'une connaissance, alors cette connaissance elle-même est fausse. Car si le principe est vrai, la conséquence également devrait être vraie, puisque la conséquence est déterminée par le principe.

Mais on ne peut pas conclure à l'inverse : si aucune conséquence fausse ne découle d'une connaissance, cette dernière est vraie ; car d'un principe faux on peut conclure des conséquences vraies.

2) *Si toutes les conséquences d'une connaissance sont vraies, cette connaissance également est vraie.* Car s'il y avait quelque chose de faux dans la connaissance, il devrait se trouver également une conséquence fausse.

Donc de la conséquence on peut conclure à un principe, mais sans être capable de déterminer ce principe. C'est seulement de l'ensemble de toutes les conséquences qu'on peut conclure d'un *principe déterminé* qu'il est le vrai.

Le premier mode de raisonnement, selon lequel la conséquence peut seulement être un critère *négativement* et *indirectement* suffisant de la vérité de la connaissance, est appelé en logique le mode *apagogique (modus tollens)*.

Le procédé dont on fait fréquent usage en géométrie présente cet avantage qu'il me suffit de tirer une seule conséquence fausse d'une connaissance pour faire la preuve de la fausseté de cette dernière. Pour prouver par exemple que la terre n'est pas plate il me suffit, sans apporter de raisons positives et directes, de raisonner de façon apagogique et indirecte : si la terre était plate l'étoile polaire devrait toujours se trouver à la même hauteur ; comme ce n'est pas le cas, elle n'est donc pas plate.

Avec l'autre mode de raisonnement, *positif* et *direct* *(modus ponens)*, la difficulté vient de ce qu'on ne peut connaître apodictiquement la totalité des conséquences et que par conséquent par ce mode de raisonnement on n'est conduit qu'à une connaissance vraisemblablement et *hypo-thétiquement* vraie (hypothèse) selon la supposition que là où beaucoup de conséquences sont vraies, toutes les autres peuvent également être vraies.

Nous pourrons donc poser ici trois principes comme critères universels de la vérité, simplement formels ou logiques ; ce sont :

1) *le principe de contradiction et d'identité (principium contradictionis* et *identitatis)* par lequel la possibilité interne d'une connaissance est déterminée pour des jugements *problématiques ;*

2) *le principe de raison suffisante (principium rationis sufficientis)* sur lequel repose la réalité (logique) d'une connaissance ; le fait qu'elle soit fondée comme matière pour des jugements *assertoriques ;*

3) le principe du *tiers exclu (principium exclusi medii inter duo contradictoria)* sur lequel se fonde la nécessité (logique) d'une connaissance ; — le fait qu'il soit nécessaire que nous jugions ainsi et non autrement, c'est-à-dire que le contraire soit faux — principe pour des jugements *apodictiques.*

Le contraire de la vérité est la *fausseté ;* quand elle est tenue pour vérité, elle se nomme *erreur.* Un jugement erroné — car l'erreur comme la vérité n'a lieu que dans les jugements — est par conséquent un jugement qui prend l'apparence de la vérité pour la vérité elle-même.

Comment la vérité est possible, il est aisé de le voir puisqu'ici l'entendement agit selon ses lois essentielles.

Mais comment est possible l'erreur au sens formel du terme, c'est-à-dire comment est possible la forme de la pensée contraire à l'entendement <Verstandeswidrige>, voilà qui est difficile à comprendre, tout de même que de façon générale on ne comprend pas comment une faculté quelconque peut s'écarter de ses propres lois essentielles [38]. Aussi n'est-ce pas dans l'entendement lui-même et dans ses lois essentielles que nous pouvons chercher la source des erreurs, pas plus que dans les bornes <Schranken> de l'entendement, où réside bien la source de l'ignorance, mais nullement de l'erreur. Or si nous n'avions d'autre faculté de connaître que l'entendement, nous ne serions jamais dans l'erreur. Mais outre l'entendement nous avons encore une autre source de connaissance qui est indispensable. C'est la *sensibilité*, qui fournit la matière à notre pensée et fonctionne en outre selon d'autres lois que l'entendement. Mais de la sensibilité considérée en elle-même ne saurait non plus naître l'erreur, car les sens ne jugent pas du tout.

Par conséquent l'origine de toute erreur devra être cherchée uniquement dans *l'influence inaperçue de la sensibilité sur l'entendement* ou pour mieux dire sur le *jugement*. Il résulte en effet de cette influence que dans nos jugements nous prenons pour *objectives* des raisons simplement *subjectives* et par suite nous confondons *la simple apparence de la vérité avec la vérité elle-même*. Car c'est précisément en cela que consiste la nature de l'apparence, qui, de ce fait, doit être considérée comme une raison de prendre pour vraie une connaissance fausse.

Ainsi ce qui rend l'erreur possible, c'est l'apparence qui dans les jugements nous fait confondre ce qui est simplement *subjectif* avec ce qui est *objectif*.

En un certain sens on peut bien aussi rendre l'entendement responsable de l'erreur dans la mesure où, faute de prêter l'attention requise à cette influence de la sensibilité, il se laisse égarer par l'apparence qui en résulte en tenant pour objectifs des principes déterminants simplement subjectifs du jugement ou en faisant valoir pour vrai selon ses propres lois ce qui n'est vrai que selon les lois de la sensibilité.

Par conséquent c'est seulement de l'ignorance que les bornes de l'entendement sont responsables ; c'est à nous-mêmes que nous devons imputer la responsabilité de l'erreur. La nature nous a assurément privés de maintes connaissances, elle nous laisse dans une ignorance invincible sur bien des choses, mais elle n'est pas cause de l'erreur. Ce qui nous y conduit c'est notre propre penchant à juger et à décider là-même où la limitation de notre capacité de juger et de décider ne nous donne pas le pouvoir de le faire.

Mais toute erreur dans laquelle l'entendement humain peut tomber n'est que *partielle*, et dans tout jugement erroné il doit toujours y avoir quelque chose de vrai. Car une erreur *totale* serait une contradiction complète avec les lois de l'entendement et de la raison. Comment pourrait-il, en tant que tel, provenir d'une façon quelconque de l'entendement, et dans la mesure où il est bien un jugement, être considéré comme un produit de l'entendement ?

Au point de vue du vrai et de l'erroné dans notre connaissance nous faisons une distinction entre une connaissance *exacte* et une connaissance *vague*.

Une connaissance est *exacte* quand elle est conforme à son objet ou quand, relativement à son objet, elle ne donne pas lieu à la moindre erreur, — elle est *vague* quand elle peut comporter des erreurs, mais qui ne nuisent pas à son propos.

Cette distinction concerne l'*extension* ou la *restriction* de la détermination de notre connaissance *(cognitio late vel stricte determinata)*. Il est parfois nécessaire de commencer par donner une détermination large à une connaissance *(late determinare)*, spécialement dans les choses histori-ques. Mais dans les connaissances rationnelles tout doit être déterminé exactement *(stricte)*. Quand la détermination est large, on dit qu'une connaissance est déterminée *praeter propter.* La nécessité qu'une connaissance soit déterminée de façon vague ou stricte dépend toujours de son propos. La détermination large laisse toujours place à l'erreur qui peut cependant avoir ses limites déterminées. L'erreur se produit en particulier quand une détermination large est prise pour une détermination stricte par exemple en matière de moralité où tout doit être déterminé strictement. Ceux qui y manquent sont nommés par les Anglais *latitudinaires.*

De l'exactitude, définie comme perfection objective de la connaissance — puisqu'en ce cas la connaissance doit correspondre parfaitement à l'objet — on peut encore distinguer la *subtilité,* qui est une perfection *subjective* de la connaissance.

Une connaissance de quelque chose est subtile, quand on y découvre ce qui échappe habituellement à l'attention des autres. Cela exige donc un plus haut degré d'attention et un plus grand effort d'intelligence.

Beaucoup blâment toute subtilité, parce qu'ils sont incapables d'y atteindre. Cependant en elle-même elle fait toujours honneur à l'entendement et elle est même méritoire et indispensable quand elle s'applique à un objet digne d'être observé. — Mais quand on aurait pu atteindre le même but avec moins d'attention et d'effort de l'intelligence et qu'on se met pourtant encore en frais, alors on se dépense en vain et on tombe dans des subtilités, difficiles assurément, mais qui ne servent à rien *(nugae difficiles).*

De même que *vague* est opposé à *exact, grossier* est opposé à *subtil.*

De la nature de l'erreur, dont la notion comprend, comme nous l'avons remarqué, outre la fausseté, l'apparence de la vérité à titre d'élément essentiel, résulte pour la vérité de notre connaissance l'importante règle suivante :

Pour éviter les erreurs — et aucune erreur n'est *inévitable,* du moins de façon absolue bien qu'elle puisse l'être de *façon relative* dans le cas où nous ne pouvons éviter de juger même en risquant l'erreur — pour éviter les erreurs, dis-je, il faut chercher à en découvrir et à en expliquer la source, c'est-à-dire l'apparence. Mais très peu de philosophes l'ont fait. Ils se sont contentés de chercher à réfuter les erreurs mêmes sans indiquer l'apparence d'où elles proviennent. Et pourtant la détection et la solution de l'apparence est d'un bien plus grand profit pour la vérité que la réfutation directe des erreurs elles-mêmes, qui ne nous permet pas de tarir leur source, non plus que d'empêcher qu'en d'autres occasions l'apparence ne nous conduise de nouveau à des erreurs, puisqu'elle n'a pas été reconnue. Car même si nous sommes convaincus que nous sommes tombés dans l'erreur, dans le cas où l'apparence elle-même qui est au principe de notre erreur n'a pas été réduite, il nous reste des *scrupules,* si faible soit la justification que nous en pouvons donner.

Au surplus, par l'explication de l'apparence une sorte de justice est rendue à celui qui est tombé dans l'erreur. Car personne n'admettra qu'il soit tombé dans l'erreur sans une quelconque apparence de vérité qui aurait pu tromper également un esprit plus pénétrant, puisque, en ce domaine, des raisons subjectives entrent en jeu.

Une erreur où l'apparence est évidente même pour le sens commun *(sensus communis)* s'appelle une *absurdité.* Le reproche d'absurdité est toujours un grief personnel, qu'il faut éviter, en particulier dans la réfutation des erreurs.

Car aux yeux de celui qui soutient une absurdité, l'apparence qui est à la source de cette évidente fausseté n'est pas manifeste. Il faut commencer par lui rendre cette apparence manifeste. S'il persiste alors dans son erreur, assurément il est absurde, mais en ce cas on ne peut plus rien faire pour lui. Il s'est ainsi rendu également incapable et indigne de toute correction et réfutation. Car on ne peut à proprement parler *prouver* à personne qu'il est absurde ; toute argumentation serait en l'espèce inutile. Quand on démontre l'absurdité, ce n'est pas à l'homme qui est dans l'erreur qu'on a affaire, mais à l'homme raisonnable. Mais alors la mise en évidence de l'absurdité *(deductio ad absurdum)* n'est pas nécessaire.

On peut également qualifier d'*inepte* l'erreur qui n'*a même
pas* l'excuse de *l'apparence* ; de même une erreur *grossière*
est celle qui révèle une ignorance dans la connaissance
commune ou une faute contre l'observation commune.

L'erreur dans les *principes* est plus grave que l'erreur
dans *l'application*.

Un indice *externe* ou une pierre de touche *extérieure* de
la vérité est la comparaison de notre propre jugement avec
celui des autres, parce que le subjectif ne peut se retrouver
identique chez tous les autres et que par suite l'apparence
peut ainsi être expliquée. L'incompatibilité du jugement des
autres avec le nôtre doit donc être considérée comme un signe
extérieur de l'erreur et une invitation à rechercher comment
nous avons procédé pour aboutir à notre jugement, sans qu'il
soit question par là de le rejeter tout aussitôt. Car il est
possible qu'on ait raison *sur le fond* et qu'on ait tort seulement *dans la forme*, c'est-à-dire dans la présentation.

Le sens commun *(sensus communis)* est également en
lui-même une pierre de touche pour découvrir les défaillan-
ces dans l'*usage technique* de l'entendement. User de l'entendement *commun* pour mettre à l'épreuve l'entendement
spéculatif en vue d'en apprécier la rectitude, cela s'appelle :
s'orienter dans. la pensée, autrement dit dans l'usage
de l'entendement spéculatif au moyen de l'entendement
commun [39].

D'une manière générale, les règles et conditions universelles pour éviter l'erreur sont 1) penser par soi-même, 2)
penser en se mettant à la place d'autrui, 3) penser en restant
toujours conséquent avec soi-même. La première maxime
peut être dite la façon de penser *éclairée*, la seconde la
façon de penser *élargie*, la troisième la façon de penser
conséquente ou *cohérente* [40].

VIII

C. *Perfection logique de la connaissance selon la qua-*
lité — Clarté — Notion de caractère en général — Diffé-
rentes sortes de caractères — Détermination de l'essence
logique d'une chose — Différence entre cette essence et
l'essence réelle — Distinction, degré supérieur de la clarté —
Distinction esthétique et logique — Différence entre la
distinction analytique et la distinction synthétique.

De la part de l'entendement, la connaissance humaine est
discursive c'est-à-dire qu'elle se produit par des représentations qui fondent la connaissance sur ce qui est commun à
plusieurs choses, par conséquent au moyen de *caractères*
<Merkmale>, comme tels. Donc nous ne connaissons les
choses qu'au *moyen de caractères* et cela s'appelle précisément *reconnaître* qui vient de *connaître* *.

Un caractère est ce qui dans une chose constitue une part
de la connaissance de cette chose; ou, ce qui revient au
même, une *représentation partielle dans la mesure où elle*
est considérée comme principe de la connaissance de la
représentation entière. Par conséquent tous nos concepts
sont des caractères, et *penser* ce n'est jamais rien d'autre
que se représenter au moyen de caractères.

Tout caractère peut être considéré à deux points de vue :

— en premier lieu, comme représentation en lui-même ;

— en second lieu, comme appartenant à titre de concept
partiel à la représentation entière d'une chose, et, de ce
fait, comme principe de connaissance de cette chose-même.

Tous les caractères, considérés comme principes de
connaissance ont un *double* usage, soit *interne*, soit *externe*.

---

* Equivalent très approximatif d'un jeu sur les mots que Kant semble rendre
beaucoup plus précis en allemand : *Erkennen* vient de *Kennen* à peu près comme
nous dirions en français : *caractériser* vient de *caractère*. Cf. infra, p. 72. (N. d. T.).

L'usage interne consiste en la *dérivation* qui vise à connaître la chose elle-même au moyen de caractères, principes de sa connaissance. L'usage externe consiste en la *comparaison*, les caractères nous permettant de comparer une chose avec une autre selon les règles de l'*identité* ou de la *diversité*.

Parmi les caractères, il y a diverses sortes de différences spécifiques qui fondent la classification suivante :

1) caractères *analytiques* ou *synthétiques*. — Les *premiers* sont des concepts partiels <Theilbegriffe> de mon concept *réel* (je les y pense dès à présent) ; au contraire les seconds sont des concepts partiels du concept total *simplement possible* (qui par conséquent devra *être constitué* par une synthèse d'un plus grand nombre de parties). Les premiers, ce sont tous les *concepts rationnels* <Vernunftbegriffe> ; les seconds peuvent être des *concepts d'expérience* <Erfahrungsbegriffe>.

2) *coordonnés* ou *subordonnés* [41] — Cette division des caractères concerne la façon de les lier entre eux, soit par *juxtaposition*, soit par *dépendance* <nach oder unter>.

Les caractères sont *coordonnés* lorsque chacun d'entre eux est représenté comme un caractère *immédiat* de la chose ; ils sont *subordonnés* lorsqu'un caractère n'est représenté comme étant caractère de la chose que par la médiation d'un autre caractère. La liaison des caractères coordonnés dans le tout du concept s'appelle un *agrégat*, la liaison des caractères subordonnés une *série*. La première, l'agrégation de caractères coordonnés constitue la totalité du concept, qui cependant, s'agissant des concepts empiriques synthétiques, ne peut jamais être achevée, mais ressemble à une ligne droite *illimitée*.

La série des caractères subordonnés s'arrête *a parte ante*, ou du côté des principes, à des concepts inanalysables qui, en raison de leur simplicité ne se laissent plus décomposer ; *a parte post* au contraire ou du côté des conséquences elle est *infinie, puisque nous avons bien un* genus *suprême, mais pas de* species *dernière*.

Avec la synthèse de tout nouveau concept dans l'agrégation de caractères coordonnés s'accroît la distinction *extensive* ou *développée* <ausgebreitete> ; de même que s'accroît la distinction *intensive* ou *approfondie* <tiefe> avec la poursuite de l'analyse du concept dans la série des caractères subordonnés. Cette dernière sorte de distinction conférant nécessairement à la connaissance *profondeur* et *cohérence* est de ce fait la principale affaire de la philosophie et en particulier elle est poussée au plus haut point dans les recherches métaphysiques.

3) Caractères *affirmatifs* ou *négatifs* — Par les premiers nous connaissons ce que la chose est ; par les secondes ce qu'elle n'est pas.

Les caractères négatifs servent à nous préserver d'erreurs. Ausi n'ont-ils aucune nécessité là où il est *impossible de tomber dans l'erreur* ; ils n'ont de nécessité et d'importance que dans les cas où ils nous préservent d'une erreur importante où nous pourrions tomber aisément. C'est ainsi par exemple que s'agissant du concept d'un être *comme Dieu,* les caractères négatifs sont très nécessaires et importants.

Par les caractères affirmatifs nous nous proposons donc de *comprendre quelque chose* ; par les caractères négatifs — forme sous laquelle tous les caractères peuvent être exprimés — nous nous contenterons de ne pas nous *méprendre* ou de ne pas tomber dans l'*erreur* sur une chose, lors même que nous ne pourrions par là rien en apprendre.

4) Caractères *importants* et *féconds,* ou *vides* et *insignifiants.* —

Un caractère est important et fécond s'il est le principe de connaissance de grandes et nombreuses conséquences, *d'une part* au point de vue de son usage interne — son usage dans la dérivation — dans la mesure où il suffit à nous permettre de connaître beaucoup de la chose-même ; *d'autre part* au point de vue de son usage *externe* — son usage dans la comparaison — dans la mesure où il nous sert à connaître la similitude aussi bien que la différence d'une chose relativement à beaucoup d'autres.

Il nous faut en outre distinguer ici la forme *logique de* l'importance et de la fécondité, de sa forme *pratique*, — de son *utilité* <Nützlichkeit> et de sa *commodité* <Brauchbarkeit>.

5) Caractères *suffisants* ou *nécessaires* ou *insuffisants* et *contingents*.

Un caractère est *suffisant* s'il suffit en tous cas à distinguer la chose de toutes les autres ; dans le cas contraire il est insuffisant : ainsi par exemple le caractère aboyant du chien — Mais la suffisance des caractères, aussi bien que leur importance, ne peut être déterminée que relativement aux buts que l'on se propose d'atteindre par une connaissance.

Les caractères *nécessaires* sont en fin de compte ceux que l'on doit toujours rencontrer dans la chose représentée. De tels caractères s'appellent aussi *essentiels*, et sont opposés aux caractères *extra-essentiels* et *contingents*, qui peuvent être séparés du concept de la chose [42].

Mais il y a également encore une autre distinction à faire dans les caractères nécessaires :

les uns conviennent à la chose comme *principes* d'autres caractères de cette chose ; *les autres* au contraire uniquement comme *conséquences* d'autres caractères.

Les premiers sont des caractères *primitifs* et *constitutifs* (*constitutiva essentialia in sensu strictissimo*) ; les seconds sont dits *attributs* (*consectaria, rationata*) et appartiennent bien également à l'essence de la chose, mais uniquement dans la mesure où ils doivent d'abord être dérivés de ses éléments essentiels, par exemple dans le concept de triangle les trois angles de ses trois côtés.

Les caractères *extra-essentiels* sont à leur tour de *deux* sortes : ils concernent soit les déterminations *internes* d'une chose (*modi*) soit ses relations externes (*relationes*). Ainsi par exemple l'*érudition* est un caractère qui désigne une détermination interne de l'homme — être *maître* ou *esclave* n'en représente qu'une relation externe.

L'ensemble de tous les éléments essentiels d'une chose ou la suffisance de ses caractères quant à la coordination ou la subordination est *l'essence (complexus notarum primitivarum, interne conceptui dato sufficientium; s. complexus notarum, conceptum aliquem primitive constituentium).*

Dans cette définition nous ne devons absolument pas penser à l'essence *réelle* ou *naturelle* de la chose, que nous sommes tout à fait incapables de découvrir. Car puisque la logique fait abstraction de tout contenu de la connaissance, et par conséquent également de la chose même, il ne peut être question dans cette science que de l'essence *logique* des choses. Et celle-ci, il nous est facile de la discerner. Car cela n'exige rien de plus que la connaissance de tous les prédicats au point de vue desquels un objet est déterminé au *moyen de son concept* ; au lieu que pour l'essence réelle de la chose *(esse rei)* serait requise la connaissance des prédicats dont dépend, comme principes de détermination, tout ce qui appartient à son être. Si nous voulons par exemple déterminer l'essence logique du corps, nous n'avons pas besoin d'en chercher les données dans la nature ; il nous suffit de diriger notre réflexion sur les caractères qui en constituent de façon originaire la notion fondamentale à titre d'éléments essentiels *(constitutiva, rationes).* Car l'essence logique n'est elle-même rien d'autre que le *premier concept fondamental de tous les caractères nécessaires d'une chose (esse conceptus).*

Le premier degré de la perfection de notre connaissance au point de vue de la qualité est donc sa clarté. Un second degré, ou degré supérieur de la clarté est la *distinction*. Elle consiste dans la *clarté des caractères.*

Avant tout, il nous faut ici distinguer la distinction logique en général de la distinction esthétique. — La distinction logique repose sur la clarté objective des caractères, la distinction esthétique sur leur clarté subjective. La première est une clarté par *concept* ; la seconde une clarté par *intuition.* Cette seconde sorte de distinction consiste donc en une simple *vivacité et intelligibilité*, c'est-à-dire en une simple clarté au moyen d'exemples *in concreto* (car il y a beaucoup de choses qui peuvent être intelligibles sans être distinctes et inversement beaucoup peuvent être distinctes tout en étant cependant difficiles à comprendre parce qu'elles ramènent à des caractères éloignés, dont la connexion avec l'intuition ne peut se faire que par l'intermédiaire d'une longue série).

La distinction objective est souvent cause d'obscurité subjective et inversement. Aussi n'est-il pas rare que la distinction logique ne puisse se faire qu'aux dépens de la distinction esthétique et à l'inverse il arrive souvent que la distinction esthétique au moyen d'exemples et de similitudes qui ne conviennent pas exactement, mais ne sont pris que par analogie, cause préjudice à la distinction logique — A cela s'ajoute que les exemples de façon générale ne sont pas des caractères et ne sont pas des éléments intégrants du concept, mais en tant qu'intuitions relèvent seulement de l'usage du concept. Une distinction au moyen d'exemples — la simple intelligibilité — est par conséquent d'espèce toute différente de la distinction au moyen de concepts qui sont des caractères. — C'est en la conjonction des deux, la distinction esthétique ou populaire et la distinction scolastique ou logique, que consiste la *lucidité* <Helligkeit>. Car ce qu'on nomme *esprit lucide* c'est le talent de présentation lumineuse, adaptée à la faculté de compréhension de l'*entendement commun*, de connaissances abstraites et profondes.

Venons-en *maintenant* plus particulièrement à la distinction logique : on l'appellera distinction *complète* si tous les caractères qui, pris ensemble, constituent le concept total sont parvenus à la clarté. — Or un concept peut, à son tour être *totalement* ou *complètement* <vollständig oder complet> distinct, soit du point de vue de la totalité de ses caractères *coordonnés*, soit au point de vue de la totalité de ses caractères *subordonnés*. La clarté totale des caractères coordonnés constitue la distinction complète ou suffisante d'un concept de façon *extensive* ; c'est ce qu'on

appelle encore sa *complétude* <Ausführlichkeit>. La totale
clarté des caractères subordonnés constitue la distinction
complète de façon *intensive* : la *profondeur* <Profundität>.

La première sorte de distinction logique peut également
être appelée *complétude externe (completudo externa)* la
seconde *complétude interne (completudo interna)* de la clarté
des caractères. On ne peut attendre la dernière que de purs
concepts rationnels et des concepts arbitrairement formés,
non des concepts empiriques.

La grandeur extensive de la distinction, si elle n'est pas
excessive, se nomme *précision* <Präcision-Abgemessenheit>.
Complétude *(completudo)* et précision *(praecisio)* conjointes
constituent l'*adéquation (cognitionem quae rem adaequat)* ;
et la connaissance *intensivement adéquate dans la profondeur*
liée à la connaissance *extensivement adéquate dans la complé-*
tude et la précision, constitue (au point de vue de la qualité) la
perfection achevée d'une connaissance (consummata cogni-
tionis perfectio).

Puisque, comme nous l'avons remarqué, l'affaire de la
Logique est de rendre *distincts les concepts clairs,* la question
qui se pose est de savoir comment s'y prendre pour les
rendre distincts ?

Les logiciens de l'école de *Wolf* soutiennent que le seul
moyen de rendre les connaissances distinctes, c'est simplement de les analyser. Mais il n'est pas vrai que toute distinction repose sur l'analyse d'un concept donné. Elle n'est
produite de cette façon qu'en ce qui concerne des caractères
que nous pensions déjà dans le concept, mais nullement en
considération des caractères qui ne font que s'ajouter au
concept, à titre d'éléments du concept possible en son entier.

Cette sorte de distinction que ne procure pas l'analyse,
mais bien la synthèse des caractères, est la *distinction*
synthétique. La différence est donc essentielle entre ces deux
propositions : *former un concept distinct* et : *rendre un*
concept distinct.

Car lorsque je forme un concept distinct, je procède en partant des éléments et en allant vers le tout. Ici aucuns caractères ne sont encore donnés, je n'arrive à les obtenir que par la synthèse. C'est donc de ce procédé synthétique que résulte la distinction synthétique, qui étend réellement mon concept en son contenu au moyen de ce qui s'y *ajoute* comme caractère dans l'intuition (qu'elle soit pure ou empirique). — Ce procédé synthétique pour rendre les concepts distincts est employé par le mathématicien et également par le philosophe de la nature. Car toute distinction de la connaissance proprement mathématique aussi bien que la connaissance expérimentale repose sur une telle forme de leur extension par synthèse des caractères.

Mais lorsque je rends un concept distinct, cette simple analyse n'accroît absolument pas ma connaissance quant au contenu. Ce dernier reste le même ; seule la forme est changée puisque j'apprends seulement à mieux distinguer ou à connaître avec une conscience plus claire ce qui était déjà contenu dans le concept donné. De même que si j'éclaire une carte je n'y ajoute rien, de même la simple élucidation d'un concept donné par l'analyse de ses caractères ne l'accroît pas le moindrement.

C'est le rôle de la synthèse de rendre l'*objet* distinct, c'est celui de l'analyse de rendre le *concept* distinct. *Ici le tout précède les parties*, là les *parties précèdent le tout*. — Le philosophe ne fait que rendre distincts des concepts donnés. — Il arrive qu'on procède synthétiquement même si le concept qu'on désire rendre distinct de cette manière est déjà *donné*. C'est ce qui se produit souvent dans les propositions d'expérience, quand on n'est pas encore satisfait des caractères qu'on pense déjà dans un concept donné.

La méthode analytique pour produire la distinction, la seule à laquelle la logique puisse avoir affaire, est la première et principale exigence pour rendre notre connaissance distincte. Car plus notre connaissance d'une chose est distincte, plus elle peut également être forte et efficace. Simplement,

il ne faut pas que l'analyse aille si loin qu'elle finisse par
dissoudre l'objet lui-même.

Si nous avions conscience de ce que nous savons, nous
serions stupéfiés de la quantité de nos connaissances.

Au point de vue de la valeur objective de notre connaissance en général, on peut la hiérarchiser [43] selon les degrés
que voici :

Le premier degré de la connaissance c'est : *se représenter
quelque chose.*

Le deuxième : se représenter consciemment quelque chose
ou *percevoir (percipere).*

Le troisième : savoir quelque chose (kennen, *noscere*),
c'est-à-dire se représenter quelque chose en la comparant à
d'autres choses aussi bien au point de vue de l'*identité* que
de la *différence.*

Le quatrième : savoir quelque chose *avec conscience,* c'est-
à-dire *connaître* (erkennen, *cognoscere*). Les animaux aussi
savent <kennen> les objets, mais ils ne les *connaissent*
<erkennen> pas.

Le cinquième : entendre (verstehen, intelligere) quelque
chose, c'est-à-dire la *connaître* par *l'entendement au moyen
de concepts* ou la *concevoir* <concipiren>. Ce qui est très
différent de *comprendre* <Begreifen>. Il y a beaucoup de
choses que l'on peut concevoir, bien qu'on ne puisse les comprendre, par exemple un *perpetuum mobile,* dont l'impossibilité est démontrée en mécanique.

Le sixième : connaître ou *discerner* (einsehen, *perspicere*)
quelque chose par la raison. Nous n'y atteignons qu'en peu
de choses, et plus nous voulons perfectionner nos connaissances en valeur, plus le nombre en devient faible.

Enfin *le septième :* comprendre quelque chose (begreifen,
comprehendere) c'est-à-dire la connaître par la raison ou
a priori dans la mesure qui convient à notre propos. — **Car**

toute notre compréhension n'est que *relative*, c'est-à-dire suffisante pour une fin déterminée, il n'est rien que nous comprenions *absolument*. Rien ne peut être plus complètement compris que ce que le mathématicien démontre, par exemple que toutes les droites dans un cercle sont proportionnelles. Et cependant il ne comprend pas comment il se fait qu'une figure aussi simple ait de telles propriétés. Aussi le domaine de l'intellection ou de l'entendement est-il de façon générale beaucoup plus étendu que le domaine de la compréhension ou de la raison [44].

IX

Perfection logique de la connaissance selon la modalité — Certitude — Concept d'assentiment <Fürwahrhalten> *en général — Modes d'assentiment : opinion, croyance, savoir — Conviction et persuasion — Retenir et suspendre un jugement — Jugements provisoires — Préjugés, sources et formes principales.*

La vérité est *propriété objective* de la connaissance ; le jugement par lequel quelque chose est *représenté* comme vrai — le rapport à un entendement et par conséquent à un sujet particulier — est *subjectif*, c'est l'assentiment [45].

Pris dans sa généralité, l'assentiment comporte deux espèces : celle de la *certitude* et celle de l'*incertitude*. L'assentiment certain ou la *certitude* est lié à la conscience de la nécessité ; l'assentiment incertain au contraire ou l'*incertitude* est lié à la conscience de la contingence ou de la possibilité du contraire — Cette dernière sorte d'assentiment à son tour est soit insuffisante *aussi bien subjectivement qu'objectivement*, soit *objectivement insuffisante*, mais *subjectivement suffisante*. La première se nomme *opinion* ; il faut appeler la seconde *croyance*.

On voit donc qu'il y a *trois espèces ou modes (modi)*

d'assentiment : l'*opinion*, la *croyance* et le *savoir*. — L'opinion est un jugement *problématique*, la croyance un jugement *assertorique* et le savoir un jugement *apodictique*. Car ce qui est pour moi simplement objet d'opinion, j'ai conscience dans mon jugement de le considérer comme problématique seulement ; ce que je crois, comme *assertorique*, c'est-à-dire comme nécessaire non objectivement, mais subjectivement (valant pour moi seulement) ; enfin ce que je sais, comme *apodictiquement certain*, c'est-à-dire comme universellement et objectivement nécessaire (valant pour tous), à supposer même que l'objet lui-même auquel se rapporte cet assentiment certain, soit une vérité simplement empirique. Car cette distinction concernant l'assentiment selon les trois modes qui viennent d'être désignés ne concerne que la *faculté de juger* dans son rapport aux critères subjectifs de subsomption d'un jugement sous des règles objectives.

Ainsi par exemple notre assentiment à l'immortalité serait simplement problématique en tant que nous agissons seulement *comme si nous étions immortels ;* mais il serait *assertorique,* dans la *mesure où nous croyons* que nous sommes immortels ; enfin il serait *apodictique* dans la mesure où nous *saurions tous* qu'il y a une autre vie après celle-ci.

Par conséquent, entre opinion, croyance et savoir il y a une différence essentielle que nous allons maintenant préciser et détailler.

1) *Opinion* — L'opinion ou l'assentiment fondé sur une connaissance qui n'est suffisante ni subjectivement ni objectivement peut-être considérée comme un jugement *provisionnel (sub conditione suspensiva ad interim)* dont il n'est pas facile de se passer. Il faut commencer par l'opinion avant d'admettre et d'affirmer ; pourvu qu'on se garde de voir dans une opinion plus qu'une simple opinion. — C'est par l'opinion que nous commençons la plupart du temps dans toutes nos connaissances. Parfois nous avons un obscur pressentiment de la vérité ; une chose nous paraît comporter des caractères

de la vérité ; — nous *pressentons* déjà sa vérité avant de la connaître avec une certitude déterminée.

Mais où est le domaine propre de la simple opinion ? — Ce n'est pas dans les sciences, qui renferment des connaissances *a priori ;* donc ni en mathématiques, ni en métaphysique, ni en morale, mais uniquement dans des connaissances *empiriques,* — en physique, en psychologie et autres disciplines de ce genre. Car il est en soi absurde d'*avoir une opinion a priori.* Et de ce fait rien ne serait plus ridicule que d'avoir de simples opinions en mathématiques par exemple. Ici, tout comme en métaphysique et en morale : *ou bien on sait, ou bien on ne sait pas.* Il n'y a donc jamais que les objets d'une connaissance empirique qui puissent être *choses d'opinion,* connaissance à vrai dire possible *en soi,* mais impossible *pour nous* uniquement à cause des conditions et limitations empiriques de notre faculté d'expérience et du degré de cette faculté dont nous disposons en conséquence. Ainsi par exemple l'*éther* des physiciens modernes est un simple objet d'opinion. Car de celui-ci, aussi bien que de toute opinion en général, quelle qu'elle puise être, j'aperçois que peut-être le contraire pourrait être prouvé. Mon assentiment par conséquent est ici insuffisant aussi bien objectivement que subjectivement, bien que, considéré en lui-même, il puisse être complet.

2) *Croyance* — La croyance [46] ou l'assentiment pour une raison qui est objectivement insuffisante, mais subjectivement suffisante se rapporte à des objets concernant lesquels non seulement nous ne pouvons rien connaître, mais même nous ne pouvons avoir une opinion ; bien plus, nous ne pouvons même pas alléguer la probabilité à leur propos, nous pouvons simplement être certains qu'il n'est pas contradictoire de penser de tels objets tels que nous les pensons. Reste un *libre* assentiment, qui est seulement nécessaire à un point de vue pratique *a priori* donné ; donc un assentiment que j'assume pour des raisons *morales* et à propos de quelque

chose dont je suis certain que le *contraire* ne saurait être
prouvé *.

* La croyance n'est pas une source particulière de connaissance. C'est une
sorte d'assentiment dont on a conscience qu'il est imparfait, et, si on la considère
comme restreinte à une sorte particulière d'objets (qui ressortissent à la seule
croyance), elle diffère de l'opinion non par le degré, mais par la relation qu'elle
entretient, en tant que connaissance, avec l'action. Ainsi par exemple un
commerçant pour entreprendre une affaire a besoin non seulement d'avoir l'opinion
qu'il a quelque chose à y gagner, mais de le croire, c'est-à-dire que son opinion
soit suffisante pour qu'il se risque dans une entreprise incertaine. — Or nous
avons des connaissances théoriques (du sensible) dans lesquelles nous pouvons
atteindre à la certitude, et la chose doit être possible concernant tout ce que nous
pouvons appeler connaissance humaine. C'est précisément une telle connaissance
certaine et même tout à fait *a priori* que nous avons dans les lois pratiques ;
mais elles se fondent sur un principe supra-sensible (la liberté) et cela, *en
nous-mêmes*, comme principe de la raison pratique. Mais cette raison pratique
est une causalité relative à un objet également supra-sensible, le *souverain bien*,
que notre faculté ne rend pas possible dans le monde des sens. Néanmoins la
nature comme objet de notre raison théorique doit s'y accorder, car la *conséquence* ou l'*effet* de cette Idée doit pouvoir se trouver dans le monde sensible. —
Nous devons par conséquent agir pour rendre cette fin réelle.
    Nous trouvons également dans le monde sensible les marques d'une *sagesse
prévoyante* <Kunstweisheit>, ce qui nous amène à croire que la cause du monde
agit aussi avec une sagesse *morale* en vue du souverain bien. C'est là un assentiment qui est suffisant pour l'action, c'est-à-dire une *croyance*. Or nous n'avons
pas besoin de cela pour agir selon les lois morales, car celles-ci sont données
uniquement par la raison pratique ; mais nous avons besoin d'admettre une sagesse
suprême comme objet de notre vie morale, sur laquelle, en dehors de la simple
rectitude de nos actions, nous ne pouvons nous empêcher de régler nos fins. Bien
qu'il n'y ait là objectivement aucune relation nécessaire à notre libre arbitre
<Willkür>, le souverain bien n'en est pas moins l'objet *subjectivement* nécessaire
d'une bonne volonté (même humaine) et de ce fait, la croyance qu'il peut être
atteint est une présupposition nécessaire.
    Entre l'acquisition d'une connaissance par expérience *(a posteriori)* et son
acquisition par la raison *(a priori)* il n'y a pas de milieu. Mais entre la connaissance d'un objet et la simple supposition de sa possibilité, il y a un milieu, à
savoir un fondement empirique ou un fondement rationnel pour admettre cet
objet relativement à une extension nécessaire du champ des objets possibles
au delà de ceux dont la connaissance est possible pour nous. Cette nécessité ne
s'impose que dans le cas où l'objet est reconnu comme pratique et par la raison
comme pratiquement nécessaire ; car admettre quelque chose en vue de la
simple extension de la connaissance théorique est toujours *contingent*. — Cette
supposition pratiquement nécessaire d'un objet est celle de la possibilité du
souverain bien comme objet du libre arbitre <Willkür> et par conséquent aussi de
la condition de cette possibilité (Dieu, liberté et immortalité). C'est une nécessité
subjective que d'admettre la réalité de l'objet à cause de la détermination nécessaire
de la volonté. C'est le *casus extraordinarius*, sans lequel la raison pratique ne
peut se maintenir en relation avec sa fin nécessaire, et ici la *favor necessitatis*
vient la secourir dans son propre jugement. Elle ne peut atteindre logiquement

Donc les matières de croyance ne sont pas :

I) des objets de la connaissance *empirique*. Ce qu'on appelle la croyance historique ne peut donc être proprement nommée croyance, ni, en tant que telle, opposée au savoir puisqu'elle peut être elle-même un savoir. L'assentiment à un témoignage n'est distinct ni en degré ni en espèce de l'assentiment auquel on parvient par l'expérience personnelle.

II) Ce ne sont pas non plus des objets de connaissance rationnelle (connaissance *a priori*) que leur connaissance soit théorique, comme en mathématique et en métaphysique, ou pratique, en morale.

A vrai dire il est possible de croire sur un témoignage à des vérités rationnelles mathématiques en partie parce qu'ici l'erreur est difficilement possible, en partie parce qu'elle peut être également détectée sans peine ; mais assurément il n'est

aucun objet, elle peut seulement s'opposer à ce qui la retient dans l'usage de cette Idée qui relève de son pouvoir pratique.

Cette croyance est la nécessité d'admettre la réalité objective d'un concept (du souverain bien) c'est-à-dire la possibilité de son objet, comme objet nécessaire *a priori* du libre arbitre. — Si nous ne considérons que les actions, nous n'avons pas besoin de cette croyance. Mais si grâce à nos actions nous voulons aller jusqu'à entrer en possession de la fin qu'elles rendent possible, il nous faut admettre qu'elle est parfaitement possible — Je peux donc dire seulement : je me vois contraint par ma fin selon les lois de la liberté, d'admettre comme possible un souverain bien dans ce monde, mais je *ne puis contraindre personne d'autre que moi par des raisons* (la croyance est libre).

La croyance rationnelle ne peut donc parvenir à aucune connaissance théorique, car en ce dernier domaine l'assentiment objectivement insuffisant est simple *opinion*. Elle ne peut être qu'une supposition de la raison dans un but subjectif, mais pratique et absolument nécessaire. La disposition d'esprit selon des lois morales conduit à un objet du libre arbitre déterminable par la pure raison. Admettre que cet objet est réalisable et par conséquent admettre aussi la réalité de sa cause, voilà en quoi consiste la croyance morale, assentiment libre et, au point de vue moral de l'achèvement de sa fin, assentiment nécessaire.

Fides, c'est au sens propre : foi dans le pacte *(pactum)* ; c'est avoir subjectivement confiance en quelqu'un, croire qu'il tiendra la promesse qu'il a faite à autrui, — fidélité et croyance * <der Treue und Glauben>, la première quand le *pactum* a été conclu, la seconde quand il est sur le point de l'être.

Parlant par analogie, c'est comme si la raison pratique était le *mandant* <der Promittent>, l'homme, le *mandataire* <der Promissarius>, le bien qu'on attend de l'action, le *mandat* <das Promissum>.

* Dans l'usage courant, l'expression allemande signifie : *bonne foi* (N. d. T.).

pas possible de les savoir de cette façon. Quant aux vérités rationnelles d'ordre philosophique, elles ne sauraient en aucune façon être objets de croyance ; elles ne peuvent être qu'objets de savoir ; car la philosophie ne tolère en elle aucune simple persuasion — Et en ce qui concerne en particulier les objets de la connaissance rationnelle pratique en morale — droits et devoirs — ils peuvent tous aussi peu donner lieu à une simple croyance. On doit être *tout à fait certain* si une chose est légitime ou non, conforme ou non au devoir, permise ou interdite. On ne peut *rien hasarder* dans l'incertitude en matière de morale, rien décider qui *risque de contrevenir à la loi.* Ainsi par exemple il ne suffit pas que le juge croie simplement que celui qui est accusé d'un crime l'a réellement commis. Il doit le savoir *(juridiquement),* ou alors il agit sans conscience *.

III) Sont seulement matière à croyance des objets tels que l'assentiment qu'on leur donne est nécessairement libre, c'est-à-dire n'est pas déterminé par des fondements de vérité objectifs, indépendants de la nature et de l'intérêt du sujet.

Aussi en raison de ses fondements simplement subjectifs, la croyance ne procure aucune conviction qui puisse être communiquée et qui exige l'assentiment universel comme la conviction qui vient du savoir. Il n'y a que *moi-même* qui puisse être certain de la validité et de l'immuabilité de ma croyance pratique, et ma croyance à la vérité d'une proposition ou à la réalité d'une chose est ce qui, dans sa relation à moi, tient lieu d'une connaissance sans être soi-même une connaissance.

Est moralement *incroyant* celui qui n'admet pas ce qu'il est impossible de savoir, mais *moralement nécessaire* de supposer. Cette sorte d'incroyance est toujours fondée sur un manque d'intérêt moral. Plus la disposition morale d'un homme est affirmée, plus sa croyance est également ferme et vive en tout ce qu'il se sent contraint d'admettre et de

---

* Gewissenlos = ohne Treu und Glauben = sans foi (N. d. T.).

supposer par intérêt moral dans une nécessaire intention pratique.

3) *Savoir* — L'assentiment issu d'un fondement de connaissance qui est suffisant aussi bien objectivement que subjectivement, ou certitude, est soit *empirique* soit *rationnel*, selon qu'il se fonde sur l'*expérience* — qu'elle soit personnelle ou partagée avec autrui — ou sur la *raison*. Cette distinction se rapporte donc aux deux sources d'où provient l'ensemble de notre connaissance : l'*expérience* et la *raison*.

La certitude rationnelle à son tour est soit certitude mathématique, soit certitude philosophique ; la première est *intuitive*, la seconde *discursive*.

La certitude mathématique s'appelle aussi *évidence*, parce qu'une connaissance intuitive est plus claire qu'une connaissance discursive. Donc bien que la connaissance rationnelle, qu'elle soit mathématique ou philosophique, soit en elle-même également certaine, l'espèce de la certitude est différente dans les deux cas.

La certitude empirique est *originaire (originarie empirica)*, lorsque ma certitude provient de mon expérience *personnelle*, elle est *dérivée (derivative empirica)* lorsqu'elle provient de l'expérience *d'autrui*. Cette dernière est aussi communément appelée certitude *historique*.

La certitude rationnelle se distingue de la certitude empirique par la conscience de la *nécessité* qui s'y attache ; elle est donc une certitude *apodictique* tandis que la certitude empirique est seulement *assertorique*. On est rationnellement certain de ce qu'on aurait pu discerner *a priori* sans aucune expérience. De là vient qu'il est possible que nos connaissances portent sur des objets d'expérience et que cependant la certitude à laquelle elles donnent lieu soit à la fois empirique et rationnelle, dans la mesure où c'est à partir des principes *a priori* que nous connaissons une proposition empiriquement certaine.

Nous ne pouvons avoir une certitude rationnelle de tout, mais partout où cela est possible nous devons la préférer à la certitude empirique.

Toute certitude est soit *immédiate*, soit *médiate*, c'est-à-dire que ou bien elle requiert une preuve, ou bien elle ne tolère ni ne requiert aucune preuve. Si nombreuses soient, dans notre connaisance, les choses qui ne sont certaines que de façon médiate, c'est-à-dire au moyen d'une preuve, il faut bien qu'il y ait aussi quelque chose d'*indémontrable* ou d'*immédiatement certain*, et toute notre connaissance doit provenir de propositions immédiatement certaines [47].

Les preuves, dont dépend toute la certitude indirecte ou médiate d'une connaissance sont des preuves ou bien *directes* ou bien *indirectes*, c'est-à-dire *apagogiques* [48] — Lorsque je prouve une vérité à partir de mes principes, j'en propose une preuve directe ; et quand je conclus la vérité d'une proposition de la fausseté de la proposition opposée, j'en propose une preuve apagogique. Mais pour que cette dernière soit valable, il faut que les propositions soient opposées de façon *contradictoire* ou *diametraliter*. Car deux propositions qui sont simplement contraires l'une de l'autre (*contrarie opposita*) peuvent être fausses l'une et l'autre. Une preuve qui est le fondement d'une certitude mathématique est appelée *démonstration* et celle qui fonde une certitude philosophique s'appelle *acroamatique*. Les éléments essentiels de toute preuve en général sont sa matière et sa forme ou l'*argument* <Beweisgrund> et la *conséquence* [49].

De savoir <*Wissen*> vient *science* <Wissenschaft>, nom sous lequel il faut entendre l'ensemble d'une connaissance comme *système* [50]. Elle s'oppose à la connaissance commune, c'est-à-dire à l'ensemble d'une connaissance comme simple *agrégat*. Le système repose sur une idée du tout qui précède les parties ; alors que dans la connaissance commune au contraire, ou simple agrégat de connaissances les parties précèdent le tout. — Il y a des sciences *historiques* et des sciences *rationnelles*.

Dans une science, il nous arrive souvent de *savoir* seulement les connaissances, mais non les *choses* qu'elles *représentent* ; il peut donc y avoir une science de ce dont notre connaissance n'est pas un savoir.

Des remarques précédentes sur la nature et les espèces de l'assentiment nous pouvons maintenant tirer la conclusion générale que toute notre conviction <Ueberzeugung> est soit *logique* soit *pratique*. — De fait, quand nous savons que nous sommes affranchis de toute raison subjective et que cependant l'assentiment est suffisant, alors nous sommes *convaincus* et notre conviction est *logique* ou fondée sur des raisons *objectives* (l'*objet* est certain).

L'assentiment complet fondé sur des raisons subjectives, qui, *au point de vue pratique* valent autant que des raisons objectives, est de ce fait conviction non seulement logique, mais *pratique* (*je* suis certain). Et cette conviction pratique ou cette *croyance rationnelle morale* est souvent plus ferme que tout savoir. Dans le cas du savoir on écoute encore des raisons contraires ; non dans le cas de la croyance, car dans ce dernier cas il ne s'agit pas de raisons objectives, mais de l'intérêt moral du sujet *.

A la conviction est opposée la *persuasion* [51] <Ueberredung> ; assentiment fondé sur des raisons suffisantes, dont on ne sait pas si elles sont simplement subjectives ou également objectives.

La persuasion précède souvent la conviction. La conscience que nous avons de maintes connaissances ne nous permet pas de juger si les raisons de notre assentiment sont objectives ou subjectives. Aussi devons-nous, pour pouvoir passer de la simple persuasion à la conviction, en premier lieu *réfléchir*

---

* Cette conviction pratique est donc la croyance morale rationnelle qui est seule appelée croyance au sens propre et, comme telle, doit être opposée au savoir et à toute conviction théorique ou logique en général, car elle ne peut jamais s'élever au niveau du savoir. Au contraire ce qu'on appelle la croyance historique ne doit pas, comme on l'a déjà remarqué, être distinguée du savoir ; car étant une sorte d'assentiment théorique ou logique, elle peut elle-même être un savoir. Nous pouvons admettre une vérité empirique sur le témoignage d'autrui avec la même certitude que si nous y étions parvenus grâce à des faits de notre propre expérience. Nous pouvons être trompés par la première sorte du savoir empirique, mais nous pouvons l'être également par la seconde.

Le savoir historique ou médiatement empirique repose sur la sûreté du témoignage. Un témoignage irrécusable exige : *authenticité* <Authenticität> (poids — Tüchtigkeit) et *intégrité* <Integrität>.

<überlegen> c'est-à-dire, voir de quelle faculté de connaître relève une connaissance [52], et ensuite *enquêter* <untersuchen>, c'est-à-dire vérifier <prüfen> si, relativement à l'objet, les raisons sont suffisantes ou non. Dans beaucoup de cas on en reste à la persuasion. Dans quelques-uns on va jusqu'à la réflexion, rares sont ceux où l'on parvient à la mise à l'épreuve <Untersuchung>. — Celui qui sait ce que comporte la certitude ne confondra pas facilement la persuasion et la conviction et ne se laissera pas non plus facilement persuader. — Il y a une raison déterminante de l'adhésion qui se compose de raisons objectives et de raisons subjectives, dont la plupart des hommes n'analysent pas l'effet mêlé.

Bien que toute persuasion soit fausse selon la forme *(formaliter)* en raison du fait qu'une connaissance incertaine paraît être certaine, elle peut cependant être vraie matériellement *(materialiter)*. Et de cette façon elle se distingue donc aussi de l'opinion, qui est une connaissance incertaine *en tant quelle est tenue pour incertaine.*

La suffisance de l'assentiment (dans la croyance) peut être mise à l'épreuve par le *pari* [53] ou par le *serment*. Le premier exige une suffisance *comparative*, le second une suffisance *absolue* de raisons *objectives*, ou bien, si elles font défaut, un assentiment absolument suffisant de façon subjective est requis.

On emploie couramment les expressions : *porter un jugement,* <sein Urtheile beipflitchen> *réserver, suspendre, ajourner son jugement* — Expressions et autres du même genre qui paraissent signifier qu'il y a quelque chose d'arbitraire dans nos jugements puisque nous tenons quelque chose pour vrai quand nous voulons le tenir pour vrai. Ce qui pose la question : *la volonté a-t-elle une influence sur nos jugements* ?

De façon immédiate la volonté n'a aucune influence sur l'assentiment ; ce serait même tout à fait absurde. Quand on dit : *nous croyons volontiers ce que nous désirons,* on ne vise par là que nos *désirs naturels,* par exemple ce qu'un père désire pour ses enfants. Si la volonté avait une influence immédiate sur le fait d'être convaincu de ce que nous désirons, nous ne cesserions de nous forger les chimères d'un heureux sort et de les tenir ensuite pour vraies. Mais la volonté ne peut lutter contre les preuves convaincantes de la vérité qui sont contraires à ses désirs et inclinations.

Cependant dans la mesure où la volonté presse l'assentiment d'examiner une vérité ou l'en détourne, il faut lui accorder une influence sur l'*usage de l'entendement* et par conséquent aussi une influence médiate sur la conviction puisque celle-ci dépend si fort de l'usage de l'entendement.

Quant à *réserver* ou *suspendre* notre jugement, cela consiste à décider de ne pas permettre à un jugement *provisoire* de devenir *définitif*. Un jugement provisoire est un jugement par lequel je me représente qu'il y a plus de raison *pour* la vérité d'une chose que *contre* sa vérité, mais que cependant ces raisons ne suffisent pas encore pour que je porte un jugement déterminant ou définitif par lequel je décide franchement de sa vérité. Le jugement provisoire est donc un jugement dont on a conscience qu'il est simplement problématique.

On peut suspendre le jugement à deux fins : *soit* en vue de chercher les raisons du jugement définitif, *soit* en vue de ne jamais juger. Dans le premier cas la suspension du jugement s'appelle *critique (suspensio judicii indagatoria)* ; dans le second elle est *sceptique (suspensio judicii sceptica).* Car le sceptique renonce à tout jugement, le vrai philosophe au contraire suspend simplement le sien tant qu'il n'a pas de raisons suffisantes de tenir quelque chose pour vrai.

Suspendre son jugement *par principe*, cela exige une faculté de juger exercée qui ne se rencontre que dans l'âge mûr. De façon générale, réserver son approbation est une chose très difficile, en partie en raison de l'avidité que manifeste notre entendement à s'étendre par des jugements et s'enrichir de connaissances, en partie parce que notre inclination penche toujours davantage vers certaines choses que vers d'autres. Mais l'homme qui a dû souvent revenir sur son approbation et qui est devenu de ce fait prudent et circonspect ne l'accordera pas si vite, de crainte de devoir par la suite revenir sur son jugement. Cette *rétractation* est toujours vexante et source de méfiance à l'égard de toutes les autres connaissances.

Remarquons encore ici que laisser son jugement *in dubio* est autre chose que de le laisser *in suspenso*. Dans ce dernier cas je continue de m'intéresser à la chose ; dans le précédent il n'est pas toujours conforme à mon but et à mon intérêt de décider si la chose est vraie ou non.

Les jugements provisoires sont bien nécessaires et même indispensables à l'usage de l'entendement dans toute médiation et tout examen. Car ils servent à conduire l'entendement dans ses recherches et mettent à sa disposition pour ce faire de multiples moyens.

Quand nous méditons sur quelque sujet, il faut toujours commencer par juger provisoirement et pour ainsi dire par flairer la connaissance que la méditation nous permettra d'acquérir. Et quand on est en quête d'inventions et de découvertes, il faut toujours faire un plan provisoire, sans quoi les pensées vont simplement à l'aventure. On peut donc comprendre dans les jugements provisoires les *maximes* de recherche. On pourrait aussi les nommer *anticipations*, puisqu'on juge par anticipation avant de juger définitivement. — Ainsi de tels jugements ont leur utilité et on peut même donner des règles pour juger provisoirement d'un objet.

Il faut distinguer les *préjugés* [54] des jugements provisoires.

Les préjugés sont des jugements provisoires *acceptés comme principes*. Tout préjugé doit être considéré comme un principe de jugements erronés, et les préjugés produisent non pas des préjugés, mais des jugements erronés. Nous devons donc distinguer du préjugé lui-même la fausse connaissance qui prend sa source dans le préjugé. Ainsi par exemple la signification des rêves n'est pas en elle-même un préjugé, mais une erreur qui naît de l'adoption de la règle générale : ce qui arrive parfois arrive toujours ou doit être considéré comme toujours vrai. Et ce principe, auquel on soumet aussi la signification des rêves, est un préjugé.

Parfois les préjugés sont des vrais jugements provisoires ; c'est seulement le fait qu'ils prennent valeur de principes ou de jugements définitifs qui est illégitime. La cause de cette illusion est à chercher dans le fait que des raisons subjectives sont à tort considérées comme objectives, *faute de la réflexion* qui doit précéder tous les jugements. Car même si nous pouvons admettre maintes connaissances, par exemple les propositions immédiatement certaines, sans les *examiner* <untersuchen> c'est-à-dire sans vérifier les conditions de leur vérité, nous n'en pouvons et nous n'en devons pas moins ne porter aucun jugement sans *réfléchir*, c'est-à-dire sans comparer la connaissance avec la faculté de connaître qui doit la produire (sensibilité ou entendement). Or si nous formons des jugements sans cette réflexion qui est nécessaire même lorsque n'a lieu aucun examen, alors se produisent des préjugés ou des principes de jugements naissant de causes subjectives qui sont prises à tort pour des raisons objectives.

Les principales sources de préjugés sont : *l'imitation, l'habitude,* et *l'inclination.*

L'imitation a une influence générale sur nos jugements ; car il y a une forte raison de tenir pour vrai ce que d'autres ont donné pour tel. D'où le préjugé : ce que tout le monde fait est bien. — Quant aux préjugés qui sont nés de l'habitude, ils ne peuvent être déracinés qu'à la longue, si l'entendement voit ses jugements progressivement retenus et ajournés par des raisons contraires et se trouve de ce fait reconduit peu à peu à une façon de penser opposée. — Mais si un préjugé dû à l'habitude est en même temps provoqué par l'imitation, il est difficile de guérir l'homme qui en est atteint. — Un préjugé par imitation peut aussi être appelé le *penchant* à *l'usage passif de la raison ou à l'usage mécanique de la raison se substituant à son action spontanée selon des lois.*

A vrai dire, la raison est un principe actif qui ne doit rien emprunter à la simple autorité d'autrui, ni même à l'expérience quand il y va de son usage *pur*. Mais très nombreux sont ceux que la paresse conduit à préférer suivre la trace d'autrui plutôt que de fatiguer leurs propres facultés mentales. De tels gens ne sauraient jamais être que des copies d'autrui, et si tous étaient de cette sorte, aucun changement ne se serait jamais produit dans le monde. D'où la nécessité et l'importance de ne pas confiner la jeunesse, comme on le fait d'habitude, dans la simple imitation.

Il ne manque pas de choses qui contribuent à nous habituer à la maxime de l'imitation et à faire ainsi de la raison un sol fertile en préjugés. Au nombre de ces auxiliaires de l'imitation on trouve :

1) *Les formules* <Formeln>. — Ce sont des règles dont l'expression sert de modèle à l'imitation. — Elles sont du reste tout à fait utiles pour tirer au clair des thèses embrouillées et c'est pourquoi l'esprit le plus éclairé s'emploie à en inventer de telles.

2) *Les sentences* <Sprüche>, expression très concise d'une signification qui frappe, au point qu'il semble qu'on n'en saurait saisir le sens en moins de mots. Des sentences de ce genre *(dicta)* qui doivent toujours être empruntées à quelqu'un d'autre à qui l'on attribue une certaine infaillibilité, servent sous la foi de cette autorité, de règle et de loi. Les paroles de la Bible s'appellent sentences κατ'ἐξοχήν.

3) *Les apophtegmes* <Sentenzen>, c'est-à-dire des propositions qui se recommandent et maintiennent souvent leur autorité à travers les siècles comme produits d'un jugement mûr à cause de l'énergie des pensées qu'ils renferment.

4) *Les canons* <Canones> — Ce sont des maximes générales qui servent de fondement aux sciences et qui signifient quelque chose de sublime et de médité. On peut encore les exprimer de manière sentencieuse, pour qu'ils plaisent davantage.

5) *Les proverbes* <Sprüchwörter> *(proverbia)* — Ce sont des règles populaires du bon sens ou des expressions qui en désignent les jugements populaires. — Comme de telles expressions purement provinciales ne servent d'apophtegmes et de canons qu'aux gens du commun, on ne doit pas les rencontrer chez des gens d'une éducation plus distinguée.

Des trois sources générales des préjugés précédemment indiqués, et plus spécialement de l'imitation naissent maints préjugés particuliers parmi lesquels nous voulons ici relever ceux-ci comme étant les plus communs.

1) *Préjugés de l'autorité* — Parmi ceux-ci, il faut compter :

a) *le préjugé de l'autorité de la personne.* — Lorsque, dans les matières qui se fondent sur l'expérience et le témoignage, nous bâtissons notre connaissance sur l'autorité d'autrui, nous ne nous rendons ainsi coupables d'aucun préjugé ; car dans ce genre de choses puisque nous ne pouvons faire nous-mêmes l'expérience de tout ni le comprendre par notre propre intelligence, il faut bien que l'autorité de la personne soit le fondement de nos jugements. — Mais lorsque nous faisons de l'autorité d'autrui le fondement de notre assentiment à l'égard de connaissances rationnelles, alors nous admettons ces connaissances comme simple préjugé. Car c'est de façon anonyme que valent les vérités rationnelles ; il ne s'agit pas alors de demander : *qui a dit cela ?* mais bien *qu'*a-t-il dit ? Peu importe si une connaissance a une noble origine ; le penchant à suivre l'autorité des grands hommes n'en est pas moins très répandu tant à cause de la faiblesse des lumières personnelles que par désir d'imiter ce qui nous est présenté comme *grand*. A quoi s'ajoute que l'autorité personnelle sert, indirectement, à flatter notre vanité. Ainsi les sujets d'un puissant despote s'enorgueillissent de ce qu'il les traite tous en *même façon,* du fait que l'inférieur peut s'imaginer égal au supérieur, dans la mesure où, face à la puissance illimitée de leur souverain, l'un et l'autre ne sont rien ; de la même façon les admirateurs d'un grand homme s'estiment égaux dans la mesure où les avantages que l'un peut avoir sur l'autre doivent être tenus pour insignifiants au regard des mérites du grand homme. — Aussi les grands hommes fort admirés ne favorisent pas peu, pour plus d'une raison, le penchant au préjugé de l'autorité de la personne.

b) *Le préjugé de l'autorité du grand nombre.* — C'est le vulgaire qui est le plus porté à ce préjugé. Car comme il est incapable de juger des mérites, des capacités et connaissances de la personne, il s'en tient volontiers au jugement de la masse, supposant que ce que tous disent doit bien être vrai. Cependant ce préjugé n'a trait, chez lui, qu'aux choses historiques ; en matière de religion, où il est directement concerné, il s'en rapporte au jugement des gens instruits.

De façon générale, il est remarquable que l'ignorant a un préjugé en faveur de l'érudition, tandis que l'érudit à son tour a au contraire un préjugé en faveur du sens commun.

Lorsque l'érudit, après avoir déjà parcouru suffisamment le cercle des sciences, n'a pas trouvé dans ses efforts la satisfaction attendue, il finit par devenir méfiant à l'endroit de l'érudition, spécialement à l'égard de ces spéculations où les concepts ne peuvent être rendus sensibles, par exemple en métaphysique. Mais comme il croit ferme que la clé de la certitude sur certains sujets doit se trouver quelque part, il la cherche alors dans le sens commun, après l'avoir si longtemps cherché en vain dans la voie de l'enquête scientifique.

Mais cet espoir est très fallacieux, car si la raison cultivée n'aboutit à rien dans la connaissance de certaines choses, il est certain que la raison inculte y parviendra tout aussi peu. En métaphysique, l'appel aux verdicts du sens commun est en tout cas tout à fait inadmissible [55], car ici aucun cas ne peut être présenté *in concreto*. Mais, à vrai dire, il en va autrement en morale. Non seulement en morale toutes les règles peuvent être données *in concreto*[56], mais la raison pratique se révèle même de façon générale plus clairement et plus correctement par l'organe de l'usage commun que de l'usage spéculatif de l'entendement [57]. De là vient que l'entendement commun juge souvent, en matière de moralité, plus correctement que l'entendement spéculatif.

c) *Le préjugé de l'autorité de l'âge.* — Ici le préjugé de l'*Antiquité* est l'un des plus considérables. A vrai dire nous avons absolument raison de juger favorablement de l'Antiquité ; mais c'est seulement la raison de l'estimer avec mesure ; nous n'avons que le tort de dépasser souvent les limites en faisant des anciens les trésoriers de la connaissance et des sciences, d'ériger la valeur *relative* de leurs écrits en valeur *absolue* et de nous confier aveuglément à leur conduite. Surestimer ainsi les anciens revient à ramener l'entendement à son enfance et à négliger de mettre en œuvre nos propres talents — Nous serions même grandement dans l'erreur, si nous croyions que tous les anciens ont écrit de façon aussi classique que ceux dont les écrits sont parvenus jusqu'à nous. En fait, comme le temps passe tout au crible et ne retient que ce qui a valeur intrinsèque, ce n'est pas sans raison que nous pouvons admettre que nous ne possédons que les meilleures œuvres des anciens.

Il y a plusieurs *causes* qui produisent et maintiennent les préjugés de l'Antiquité.

Lorsque quelque chose surpasse l'attente que nous avions formée sur la base d'une règle générale, nous commençons par nous en étonner et il arrive souvent que cet étonnement se transforme en admiration. C'est ce qui se produit dans le cas des Anciens quand on trouve chez eux quelque chose qu'on ne cherchait pas, eu égard aux circonstances du temps où ils vivaient. Une autre cause tient au fait que la connaissance des Anciens et de l'antiquité prouve une érudition et une culture qui inspire toujours respect, si communes et insignifiantes puissent être en elles-mêmes les choses qu'on a gagnées à l'étude des anciens. — Une troisième cause est

la gratitude dont nous nous sentons redevables aux anciens
de ce qu'ils nous ont ouvert la voie de maintes connaissances.
Il paraît équitable de leur en témoigner une estime particulière, mais il nous arrive souvent de dépasser la mesure. —
Enfin une quatrième cause est à chercher dans une certaine *jalousie* de nos contemporains. Qui est incapable de
se mesurer avec les modernes exalte les anciens à leurs frais,
pour que les modernes soient incapables de s'élever au-dessus
de lui.

Le contraire de ceci est le préjugé de la *nouveauté*. — Il
arrive parfois que l'autorité de l'antiquité et le préjugé en sa
faveur sont en baisse ; en particulier au début de ce siècle
lorsque l'illustre Fontenelle se battit dans le camp des
modernes — Dans les connaissances qui peuvent être étendues, il est tout à fait naturel que nous fassions davantage
confiance aux modernes qu'aux anciens. Mais ce jugement
lui-même n'est fondé qu'à titre de jugement provisoire ; si
nous en faisons un jugement définitif, c'est un préjugé.

2) *Préjugés d'amour-propre ou égoïsme logique* [58], qui font
qu'on tient l'accord de son propre jugement avec les jugements d'autrui pour un critère superflu de la vérité — Ils
sont le contraire des préjugés d'autorité puisqu'ils se manifestent dans une certaine prédilection pour ce qui est un
produit de notre propre entendement, par exemple de notre
propre système.

Est-il bon ou opportun de permettre aux préjugés de se
maintenir ou même de les favoriser ? Il est surprenant qu'à
notre époque on puisse encore poser de telles questions, en
particulier celle de savoir s'il faut favoriser les préjugés.
Favoriser les préjugés de quelqu'un, cela revient tout juste
à le tromper dans une bonne intention — Laisser intacts des
préjugés, passe encore ; car qui peut faire son affaire de
découvrir les préjugés de chacun et de l'en défaire ? Mais
qu'il ne doive pas être opportun de travailler de toutes ses

forces à les extirper, c'est une toute autre question. Des préjugés anciens et fortement enracinés sont à coup sûr malaisés à combattre, car ils répondent d'eux-mêmes et sont pour ainsi dire leurs propres juges. On cherche aussi à s'excuser de laisser les préjugés en place en prétendant qu'il n'est pas sans inconvénients de les extirper. Mais admettons toujours ces inconvénients — ils n'en amèneront que plus de bien dans la suite.

X

Probabilité — Définition du probable — Distinction de la probabilité et de la vraisemblance — Probabilité mathématique et philosophique — Doute, subjectif et objectif — Manière de penser ou méthode sceptique, dogmatique et critique en philosophie — Hypothèses.

A la doctrine de la certitude de notre connaissance appartient également la doctrine de la connaissance du probable, qu'il faut considérer comme une approximation de certitude.

Par probabilité il faut entendre un assentiment fondé sur des raisons insuffisantes, mais qui ont un plus grand rapport avec les raisons suffisantes que les raisons du contraire — Par cette définition nous distinguons la probabilité *(probabilitas)* <Wahrscheinlichkeit> de la simple vraisemblance *(verisimilitudo)* <Scheinbarkeit>, assentiment fondé sur des raisons insuffisantes, en tant que celles-ci l'emportent sur les raisons du contraire.

Car la raison de l'assentiment peut l'emporter sur celle du contraire soit *objectivement* soit *subjectivement*. La distinction entre les deux ne peut se faire qu'en comparant les raisons de l'assentiment avec les raisons suffisantes, car lorsqu'elles sont suffisantes, les raisons de l'assentiment sont plus fortes que ne *peuvent l'être* les raisons du contraire. — Dans le cas de la probabilité le fondement de l'assentiment est donc *objectivement valable ;* dans le cas de la simple vraisemblance au contraire il n'est que *subjectivement*

valable. La vraisemblance est simple force de persuasion ;
la probabilité est une approximation de la certitude. — Dans
le cas de la probabilité il doit toujours y avoir un étalon qui
permet de l'évaluer. Cet étalon est la certitude. Car puisque
je dois comparer les raisons insuffisantes avec les raisons
suffisantes, il faut que je sache ce qui est requis pour la
certitude. Mais un tel étalon fait défaut dans le cas de la
simple vraisemblance puisque dans ce cas je ne compare pas
les raisons insuffisantes avec celles qui sont suffisantes, mais
avec les raisons du contraire.

Les moments de la probabilité peuvent être soit *homogènes,* soit *hétérogènes.* S'ils sont homogènes, comme dans
les connaissances mathématiques, ils doivent être *nombrés ;*
s'ils sont hétérogènes, comme dans les connaissances philosophiques, ils doivent être *pesés,* c'est-à-dire évalués d'après
leur effet ; ce dernier devant à son tour être évalué d'après
l'emprise sur les obstacles rencontrés dans l'esprit. Les
moments hétérogènes ne donnent pas de rapport à la certitude, ils n'en donnent que d'une vraisemblance à une autre.
De là suit que c'est seulement le mathématicien qui peut
déterminer le rapport de raisons insuffisantes aux raisons
suffisantes [59] ; le philosophe doit se contenter de la vraisemblance [60], assentiment suffisant de façon simplement subjective
et pratique. Car dans les connaissances philosophiques, à
cause de l'hétérogénéité des raisons, la probabilité ne peut
être évaluée ; ici les poids ne sont pas tous, pourrait-on dire,
estampillés. C'est donc seulement de la probabilité *mathématique* que l'on peut dire proprement qu'*elle est plus que
demie certitude.*

On a beaucoup parlé d'une logique de la probabilité
(logica probabilium). Mais elle n'est pas possible ; car si le
rapport des raisons insuffisantes aux raisons suffisantes ne
peut être évalué mathématiquement, toutes les règles ne
servent à rien. Il n'est pas non plus possible de donner de
règles générales de la probabilité, si ce n'est que l'erreur ne
saurait se trouver d'un *seul* côté, mais qu'il doit y avoir un

principe d'accord dans l'objet ; de même quand il y a le même *nombre* et le même *degré* d'erreur en *deux côtés opposés,* la vérité est au *milieu.*

Le *doute* est une raison contraire ou un simple obstacle à l'assentiment qui peut être considéré soit *subjectivement,* soit *objectivement. — Subjectivement,* le doute est parfois considéré comme l'état d'un esprit indécis ; et *objectivement* comme la connaissance de l'insuffisance des raisons de l'assentiment. A ce dernier point de vue il se nomme : *objection,* c'est-à-dire une raison objective de tenir pour fausse une connaissance tenue pour vraie.

Une raison qui n'est que subjectivement valable de refuser l'assentiment est un *scrupule. —* Dans le cas du scrupule on ne sait pas si l'obstacle à l'assentiment est objectif ou simplement subjectif, par exemple s'il n'est fondé que sur l'inclination, l'habitude, etc... On doute sans s'expliquer de façon claire et définie sur la raison du doute et sans pouvoir discerner si cette raison est dans l'objet lui-même ou uniquement dans le sujet. — Or si de tels scrupules doivent pouvoir être levés, il faut pouvoir les amener à la distinction et à la détermination d'une objection. Car au moyen des objections la certitude peut-être rendue claire et entière et nul ne peut être certain d'une chose si des raisons contraires n'ont été suscitées grâce auxquelles il est possible de déterminer le degré d'éloignement ou de proximité qui le sépare de la certitude. — Il n'est non plus pas suffisant que chaque doute reçoive simplement réponse ; il doit également être *résolu,* c'est-à-dire qu'on doit faire comprendre comment le scrupule est né. Si ce n'est pas fait, le doute est seulement *rejeté,* il n'est pas *surmonté —* et en ce cas le germe du doute demeure. A vrai dire, en de nombreux cas, nous ne pouvons savoir si l'obstacle à l'assentiment que nous ressentons a seulement des raisons subjectives ou des raisons objectives et par conséquent nous ne pouvons lever le scrupule par la détection de l'apparence ; car nous ne pouvons pas toujours comparer nos connaissances avec l'objet, mais nous devons souvent nous contenter de les comparer entre elles. Ainsi c'est modestie de proposer des objections comme simple doute.

Il y a un principe du doute consistant dans la maxime de traiter les connaissances de façon à les rendre incertaines et à montrer l'impossibilité d'atteindre à la certitude. Cette méthode de philosophie est la façon de penser *sceptique* ou le *scepticisme*. Elle est opposée à la façon de penser *dogmatique* ou au *dogmatisme*, qui est une confiance aveugle dans le pouvoir qu'a la raison *a priori* par simples concepts sans critique, simplement en considération de son succès apparent.

Les deux méthodes [61] sont fallacieuses si elles sont généralisées. Car il y a bien des connaissances à l'égard desquelles nous ne pouvons pas procéder dogmatiquement ; — et d'un autre côté le scepticisme, en renonçant à affirmer toute connaissance, anéantit tous nos efforts pour assurer la possession d'une connaissance du certain.

Mais autant ce scepticisme est nuisible, autant est utile et opportune la *méthode sceptique,* si l'on entend seulement par là la façon de traiter quelque chose comme incertain et de le conduire au plus haut degré de l'incertitude dans l'espoir de trouver sur ce chemin la trace de la vérité. Cette méthode est donc à proprement parler une simple suspension du jugement. Elle est fort utile au procédé *critique* par quoi il faut entendre cette méthode de philosophie qui consiste à remonter aux *sources* des affirmations et objections, et aux fondements sur lesquels elles reposent, méthode qui permet d'espérer atteindre à la certitude.

En mathématiques et en physique le scepticisme n'a pas lieu d'être. La seule connaissance qui puisse lui donner place est celle qui n'est ni mathématique, ni empirique, celle qui est *purement philosophique.* Le scepticisme absolu fait tout passer pour apparence. Donc il distingue apparence et vérité et doit par conséquent posséder un critère de distinction ;

par suite, supposer une connaissance de la vérité, en quoi il se contredit.

Nous remarquions précédemment à propos de la probabilité qu'elle était une approximation de la certitude. — Or tel est tout spécialement le cas des *hypothèses* [62] qui ne nous permettent jamais d'atteindre à une certitude apodictique, mais seulement à un degré plus ou moins élevé de probabilité.

Une hypothèse est un assentiment du jugement à la vérité d'un principe en considération du caractère suffisant de ses conséquences, ou plus brièvement : *l'assentiment à une supposition prise pour principe.*

Tout assentiment dans le cas des hypothèses repose par conséquent sur le fait que la supposition prise comme principe est suffisante pour expliquer d'autres connaissances considérées comme ses conséquences. Car ici nous concluons de la vérité des conséquences à la vérité du principe. — Mais puisque ce mode de raisonnement, comme nous l'avons déjà remarqué plus haut ne peut donner un critère suffisant de la vérité et conduire à une certitude apodictique que si *toutes* les conséquences *possibles* d'un principe admis sont vraies, il s'ensuit évidemment que, puisque nous ne pouvons jamais déterminer toutes les conséquences possibles, des hypothèses restent toujours des hypothèses, c'est-à-dire des suppositions que nous ne parvenons jamais à rendre tout à fait certaines. — Néanmoins la probabilité d'une hypothèse peut croître et être élevée au rang d'un *analogue* de la certitude, lorsque toutes les conséquences que *nous avons jusqu'alors recontrées* se laissent expliquer à partir du principe supposé. Car dans ce cas il n'y a aucune raison qui nous interdise d'admettre que toutes les conséquences possibles se laisseront expliquer à partir de ce principe. Donc, dans ce cas, nous admettons l'hypothèse comme si elle était tout à fait certaine, bien qu'elle ne le soit que par *induction*.

Et cependant il y a dans chaque hypothèse quelque chose qui doit être apodictiquement certain, à savoir :

1) *la possibilité de la supposition elle-même*. — Lorsque par exemple, pour expliquer les tremblements de terre et les volcans, nous admettons l'existence d'un feu souterrain, encore faut-il qu'un tel feu soit possible sinon sous la forme de flammes du moins sous celle d'un corps chaud. Mais pour expliquer certains autres phénomènes, faire de la terre un animal dans lequel la circulation d'humeurs internes produit la chaleur, c'est introduire une simple fiction et non une hypothèse. Car on peut bien imaginer des réalités, mais non des possibilités ; celles-ci doivent être certaines.

2) *la conséquence*. — Les conséquences doivent découler légitimement des principes admis, autrement l'hypothèse devient une simple chimère.

3) *l'unité*. — Il est essentiellement exigé d'une hypothèse qu'elle soit unique et qu'aucune hypothèse auxiliaire ne soit requise pour l'étayer. — Si en même temps qu'une hypothèse il nous en faut admettre plusieurs autres pour la soutenir, elle perd par là beaucoup de sa probabilité. Car plus sont nombreuses les conséquences qu'on peut déduire d'une hypothèse, plus elle est probable ; moins on en peut déduire, moins elle est probable. Ainsi par exemple l'hypothèse de Tycho-Brahé ne suffisait pas à expliquer plusieurs phénomènes ; aussi fut-il obligé pour la compléter d'admettre plusieurs nouvelles hypothèses. — Or on peut déjà deviner ici que l'hypothèse admise ne peut être le vrai principe. Le système copernicien est au contraire une hypothèse à partir de laquelle on peut expliquer tout ce qui doit être expliqué à partir de celle-ci *pour autant que nous ayons jusqu'à présent pu voir*. Ici nous n'avons pas besoin d'hypothèses auxiliaires *(hypotheses subsidiarias)*.

Il y a des sciences qui ne permettent aucune hypothèse ; ainsi la mathématique et la métaphysique. Mais dans la science de la nature des hypothèses sont utiles et indispensables.

Sur la différence
entre connaissance théorique et connaissance pratique

Une connaissance est appelée *pratique* par opposition à la connaissance *théorique*, mais également par opposition à la connaissance *spéculative* [63]. Des connaissances pratiques sont, ou bien :

1) des *impératifs* [64] et comme telles opposées à des connaissances théoriques ; ou bien elles renferment,

2) les *principes d'impératifs possibles* et comme telles sont opposées à des connaissances *spéculatives*.

Par *impératif* il faut entendre toute proposition qui exprime une action libre possible par laquelle une fin déterminée doit être réalisée. — Donc toute connaissance qui renferme des impératifs est *pratique* et doit être nommée pratique par opposition à la connaissance théorique. Car des connaissances théoriques sont celles qui expriment non pas ce qui doit être, mais ce qui est ; — par conséquent elles ont pour objet non pas un *agir* <Handeln>, mais un *être* <Sein>.

En revanche, si c'est à des connaissances spéculatives que nous opposons des connaissances pratiques, elles peuvent également être théoriques, *pourvu seulement que des impératifs puissent en être déduits.* Considérés de ce point de vue, elles sont alors, *en puissance (in potentia)* ou *objecti-*

vement pratiques. Car par connaissances spéculatives, nous entendons celles dont aucune règle d'action ne peut être déduite ou qui ne renferment aucun principe d'impératifs possibles. On trouve nombre de telles propositions simplement spéculatives par exemple en Théologie. — De telles propositions spéculatives sont donc toujours théoriques ; mais il n'est pas vrai qu'à l'inverse toute connaissance théorique soit spéculative ; elles peuvent aussi, si on les considère à un autre point de vue, être en même temps pratiques.

Finalement tout aboutit au pratique ; et c'est dans cette orientation de toute théorie et de toute spéculation vers leur usage que consiste la valeur pratique de notre connaissance. Toutefois cette valeur n'est *inconditionnée* que si la fin à laquelle tend l'usage pratique de la connaissance est une fin inconditionnée. — La seule fin inconditionnée et dernière (fin ultime) à laquelle tout usage pratique de notre connaissance doit en dernier ressort se rapporter, c'est la *moralité*, que pour cette raison nous appelons *totalement ou absolument pratique*. Et cette partie de la philosophie qui a la moralité pour objet devra de ce fait être appelée philosophie *pratique* κατ' ἐξοχήν, en dépit du fait que chaque autre science philosophique a toujours également sa partie *pratique*, c'est-à-dire peut renfermer dans les théories qu'elle a exposées l'indication de leur usage pratique pour la réalisation de certaines fins.

DOCTRINE GÉNÉRALE DES ÉLÉMENTS

CHAPITRE PREMIER

DES CONCEPTS

§ I. *Concept en général. Différence entre concept et intuition.*

Toutes les connaissances c'est-à-dire toutes les représentations rapportées consciemment à un objet sont ou bien des *intuitions*, ou bien des *concepts*. — L'intuition est une représentation *singulière (representatio singularis)*, le concept est une représentation *générale (representatio per notas communes)* ou *réfléchie (representatio discursiva)*.

La connaissance par concept s'appelle la *pensée (cognitio discursiva)*.

Remarques. 1) Le concept est opposé à l'intuition, car c'est une représentation générale [65] ou une représentation de ce qui est commun à plusieurs objets, donc une représentation *en tant qu'elle peut être contenue en différents objets.*

2) C'est une simple tautologie de parler de concepts universels ou communs ; c'est une faute qui repose sur une division incorrecte des concepts en *universels, particuliers,* et *singuliers.* Ce ne sont pas les concepts eux-mêmes, c'est seulement *leur usage* qui peut-être ainsi divisé.

§ 2. *Matière et forme des concepts.*

En tout concept il faut distinguer *matière* et *forme*. — La matière des concepts est l'*objet* ; leur forme, l'*universalité*.

§ 3. *Concept empirique et pur.*

Le concept est soit *empirique*, soit *pur (vel empiricus vel intellectualis)*. — Un concept *pur* est celui qui n'est pas tiré de l'expérience, mais qui provient de l'entendement, *même dans son contenu*.

L'*Idée* est un concept de la raison, dont l'objet ne peut se rencontrer dans l'expérience [66].

Remarques. 1. Le concept empirique provient des sens par comparaison des objets de l'expérience et ne reçoit de l'entendement que la forme de la généralité. — La réalité <Realität> de ces concepts repose sur l'expérience réelle <wirklich> dont ils procédent quant au contenu. — La question de savoir si de *purs concepts d'entendement (conceptus puri)*, qui, en tant que tels, proviennent uniquement de l'entendement, indépendamment de toute expérience, c'est à la métaphysique d'en traiter [67].

2. Les concepts rationnels ou Idées ne peuvent pas conduire à des objets réels, puisque tous ces derniers doivent être contenus dans une expérience possible. Mais ils servent à la raison à guider l'entendement dans sa relation à l'expérience et dans l'usage le plus parfait de ses règles, ou également à montrer que toutes les choses possibles ne sont pas des objets de l'expérience et que les principes de la possibilité de cette dernière ne valent pas pour les choses en soi, ni même pour les objets de l'expérience considérés comme choses en soi.

L'Idée contient le *modèle* <Urbild> de l'usage de l'entendement, par exemple l'idée d'*univers* <Weltganzen> qui doit être nécessaire, *non comme principe constitutif* de l'usage empirique de l'entendement, mais uniquement comme principe *régulateur*, en vue de la cohérence d'ensemble de l'usage empirique de notre entendement. Elle doit donc être considérée comme un concept fondamental et nécessaire soit pour *compléter objectivement* les actes de la subordination de l'entendement, soit pour les considérer comme illimités. Aussi on ne peut obtenir l'idée par *composition*, car ici le tout est antérieur à la partie. Il y a cependant des idées qui donnent lieu à une approximation. Tel est le cas des idées *mathématiques*, ou des idées de la *production mathématique d'un tout*, qui se distinguent essentiellement des idées *dynamiques* qui sont tout à fait *hétérogènes* à tous les concepts concrets, puisque le tout est distinct des concepts concrets non selon la *grandeur* <Grösse> (comme dans le cas des idées mathématiques) mais selon l'*espèce* [68].

On ne peut conférer une réalité objective à aucune des idées théoriques non plus que les démontrer, à l'exception de la seule idée de liberté qui, elle, est la condition de la *loi morale* dont la réalité est un axiome — La réalité de l'idée de Dieu ne peut être démontrée que grâce à cette dernière, donc uniquement dans une intention *pratique*, c'est-à-dire *pour agir comme s'il existait un Dieu* — donc uniquement *pour* cette intention [69].

Dans toutes les sciences, principalement dans les sciences rationnelles, l'idée de la science est son *plan* <Abriss> ou son *contour* <Umriss> général, donc l'étendue <Umfang> de toutes les connaissances qui en relèvent. Une telle idée du tout — la première à laquelle il faut prendre garde dans une science et qu'il faut rechercher — est *architectonique*, par exemple l'idée de la science du Droit.

L'idée de l'humanité, l'idée d'une république parfaite, d'une vie heureuse, etc... manquent à la plupart des hommes — Beaucoup d'hommes n'ont aucune idée de ce qu'ils **veulent** ; aussi se laissent-ils guider dans leur conduite par l'instinct et l'autorité.

§ 4. *Concepts donnés* (a priori ou a posteriori) *et concepts factices* <gemachte>.

Tous les concepts sont, *quant à la matière*, soit *donnés (conceptus dati)*, soit *factices (conceptus factitii)* — Les premiers sont donnés soit *a priori*, soit *a posteriori*. Tous les concepts donnés empiriquement ou *a posteriori* s'appellent *concepts d'expérience* ; s'ils sont donnés *a priori*, ils s'appellent *notions* <Notionen> [70].

Remarques. La forme d'une concept, comme représentation discursive, est toujours factice.

§ 5. *Origine logique des concepts.*

L'origine des concepts, quant à leur *simple forme*, se trouve dans la réflexion <Reflexion> et dans l'abstraction [qu'on fait] de la différence entre les choses désignées par une certaine représentation. Par suite, ici se pose la question suivante : *quelles opérations de l'entendement forment un concept* ou ce qui revient au même, *permettent la production du concept à partir de représentations données.*

Remarques. 1) La logique générale faisant abstraction de tout contenu de la connaissance par concepts, de toute matière de la pensée, elle ne peut examiner le concept qu'au point de vue de sa *forme*, c'est-à-dire uniquement au point de vue *subjectif ;* elle n'examine pas comment un concept détermine un objet au moyen d'un caractère, mais uniquement comment il peut être rapporté à plusieurs objets. — La logique générale n'a donc pas à chercher les *sources* des concepts, *comment les concepts naissent comme représentations*, mais simplement *comment des représentations données deviennent des concepts dans la pensée ;* au reste, ces concepts peuvent contenir quelque chose qui est tiré de l'expérience, ou encore quelque chose d'imaginé, ou d'emprunté à la nature de l'entendement — Cette origine *logique* des concepts — origine quant à leur simple forme — consiste dans la réflexion qui fait naître une représentation commune à plusieurs objets *(conceptus communis)* comme la forme que requiert la faculté de juger — Donc on ne considère en logique que la simple *différence de la réflexion* dans les concepts.

2) L'origine des concepts au point de vue de leur *matière* — à ce point de vue un concept est soit *empirique,* soit *arbitraire,* soit *intellectuel* <intellectuell> — est examinée en métaphysique.

§ 6. *Acte logique de comparaison, de réflexion et d'abstraction.*

Les actes logiques de l'entendement qui produisent les concepts selon la forme sont :

1) la *comparaison* <Comparation> c'est-à-dire la confrontation <Vergleichung> des représentations entre elles en relation avec l'unité de la conscience ;

2) la *réflexion* <Reflexion> c'est-à-dire la prise en considération <Ueberlegung> de la manière dont diverses représentations peuvent être saisies <begriffen> dans *une* conscience ;

3) enfin l'*abstraction* <Abstraction> ou la séparation <Absonderung> de tout ce en quoi pour le reste les représentations données se distinguent.

Remarques. 1) Pour faire des concepts à partir de représentations, il faut donc *comparer, réfléchir* et *abstraire,* car ces trois opérations logiques de l'entendement sont les conditions générales et essentielles de production de tout concept en général — Par exemple, je vois un pin, un saule et un tilleul. En .comparant tout d'abord ces objets entre eux, je remarque qu'ils diffèrent les uns des autres au point de vue du tronc, des branches, des feuilles, etc... ; mais si ensuite je réfléchis uniquement à ce qu'ils ont de commun entre eux, le tronc, les branches et les feuilles-mêmes et si je fais abstraction de leur taille, de leur configuration, etc... j'obtiens un concept d'arbre.

2) On n'emploie pas toujours correctement en logique le terme : *abstraction* [71]. Nous ne devons pas dire : abstraire *quelque chose (abstrahere aliquid)*, mais abstraire *de quelque chose (abstrahere ab aliquo)*. Si par exemple dans un drap écarlate je pense uniquement la couleur rouge, je fais abstraction du drap ; si je fais en outre abstraction de ce dernier en me mettant à penser l'écarlate comme une substance matérielle en général, je fais abstraction d'encore plus de déterminations, et mon concept est devenu par là encore plus abstrait. Car plus on écarte d'un concept de caractères distinctifs des choses, c'est-à-dire plus on en abstrait de déterminations, plus le concept est abstrait. C'est donc *abstrayants (conceptus abstrahentes)* qu'on devrait nommer les concepts abstraits, c'est-à-dire ceux dans lesquels davantage d'abstractions ont eu lieu. Ainsi par exemple le concept de corps n'est pas à proprement parler un concept abstrait ; car du corps lui-même je ne puis faire abstraction puisque dans ce cas je n'en aurais pas le concept. Mais il faut bien que je fasse abstraction de la taille, de la couleur, de la dureté ou de la fluidité, bref de toutes les déterminations spéciales des corps particuliers — Le concept le plus abstrait est celui qui n'a rien de commun avec ceux qui diffèrent de lui. C'est le concept de *quelque chose* <Etwas> ; car le concept qui s'en distingue est celui de *rien* <Nichts> et il n'a donc rien de commun avec le quelque chose.

3) L'abstraction n'est que la condition *négative* qui permet la production des représentations à valeur universelle ; la condition *positive,* c'est la comparaison et la réflexion. Car l'abstraction *ne fait naître* aucun concept ; — l'abstraction ne fait que l'achever et l'enfermer dans les limites déterminées qui sont les siennes.

§ 7. *Compréhension* <Inhalt> *et extension* <Umfang> *des concepts.*

Tout concept, comme *concept partiel,* est contenu *dans*

la représentation des choses ; comme *principe de connaissance,* c'est-à-dire comme *caractère,* ces choses sont contenues
sous lui — Au premier point de vue tout concept a une
compréhension ; au second une *extension.*

Compréhension et extension d'un concept sont entre elles
en rapport inverse : plus un concept enferme de choses *sous*
lui, moins il en a *en* lui et inversement.

Remarque. L'universalité ou la valeur universelle du
concept repose non pas sur le fait que le concept est *concept
partiel* mais sur le fait qu'il est un *principe de connaissance.*

§ 8. *Grandeur de l'extension des concepts.*

L'extension ou la sphère d'un concept est d'autant plus
grande que davantage de choses peuvent se trouver sous lui
et être pensées grâce à lui.

Remarque. De même qu'on dit d'un *principe* en général
qu'il contient sous lui les *conséquences,* de même on peut
également dire du concept, qu'en tant que *principe de connaissance* il contient sous lui toutes les choses dont il a été
abstrait, par exemple le concept de métal renferme l'or,
l'argent, le cuivre, etc... Car puisque tout concept en tant que
représentation possédant une valeur de généralité contient
ce qui est commun à plusieurs représentations de choses
différentes, toutes ces choses, du fait qu'elles sont contenues
sous lui, peuvent être représentées par lui. Et c'est même
ce qui constitue l'*utilité* <Brauchbarkeit> d'un concept.
Plus est considérable le nombre des choses qui peuvent être
représentées par un concept, plus grande est la sphère de
celui-ci. Ainsi par exemple le concept de *corps* a une extension
plus grande que le concept de *métal.*

§ 9. *Concepts supérieurs et concepts inférieurs.*

Les concepts sont dits *supérieurs (conceptus superiores)*
s'ils ont sous eux d'autres concepts, qui par rapport à eux

sont dits concepts *inférieurs* — Un caractère de caractère — un caractère *indirect* <entferntes> est un concept supérieur ; le concept qui est en rapport avec un caractère indirect, est un concept inférieur.

Remarque. Les concepts n'étant appelés supérieurs et inférieurs que de *façon relative (respective)*, un seul et même concept peut donc, sous différents rapports, être en même temps supérieur et inférieur. Ainsi par exemple le concept d'*homme* est supérieur relativement au concept du nègre * ; mais relativement au concept d'*animal*, c'est un concept inférieur.

§ 10. *Genre et espèce.*

Le concept supérieur dans son rapport avec son concept inférieur s'appelle *genre (genus)* ; le concept inférieur dans son rapport à son concept supérieur s'appelle *espèce (species)*.

Tout comme les concepts supérieurs et inférieurs, ceux de *genre* et d'*espèce* se distinguent dans la subordination logique non par leur nature, mais par leur rapport respectif *(termini a quo* ou *ad quod)*.

§ 11. *Genre suprême et espèce dernière.*

Le genre *suprême* est celui qui n'est pas espèce *(genus summum non est species)* comme est *dernière* l'espèce qui n'est pas genre *(species, quae non est genus, est infima)*.

En conséquence de la loi de continuité, il ne peut cependant y avoir ni d'espèce *dernière* <niedrigste> ni d'espèce *prochaine* <nächste>.

Remarque. Si nous pensons une série de plusieurs concepts subordonnés aux autres par exemple : fer, métal, corps, substance, chose, dans un tel cas nous pouvons toujours obtenir des genres supérieurs — car chaque espèce doit

---

* Correction proposée par B. Erdmann (Göttinschen Gelehrten Anzeigen, 1880, I, p. 616) et par H. Spitzer (Kantstudien, VII, p. 475 sq.) ; le texte porte : Pferd, cheval (N. d. T.).

toujours être considérée en même temps comme genre relativement à son concept inférieur, par exemple le concept : *savant* relativement au concept : *philosophe,* jusqu'à ce que nous parvenions enfin à un genre qui ne puisse pas être espèce à son tour. Et nous devons pouvoir parvenir finalement à un tel genre, car il doit y avoir à la fin un concept suprême *(conceptum summum)* dont, en tant que tel, rien ne se laisse plus abstraire sans que tout le concept disparaisse. — Mais dans la série des espèces et des genres il n'y a pas de concept dernier *(conceptum infimum)* ou d'espèce dernière, sous laquelle aucune autre ne serait plus contenue, car un tel concept est impossible à déterminer. Car bien que nous ayons en fait un concept que nous appliquons *immédiatement* aux individus, il peut encore y avoir relativement à ce concept des différences spécifiques, que nous ne remarquons pas ou dont nous ne tenons pas compte. C'est seulement de façon *comparative* et *pour l'usage* qu'il y a des concepts derniers qui ne prennent cette signification que pour ainsi dire par convention, dans la mesure où on s'accorde pour ne pas descendre plus bas.

Concernant la détermination des concepts d'espèce et de genre, on peut donc faire valoir la loi suivante : *il y a un genre qui ne peut plus être espèce ; mais il n'y a pas d'espèce qui ne doive plus pouvoir être genre.*

§ 12. *Concept plus large et plus étroit. Concepts réciproques.*

Le concept supérieur est aussi dit *plus large,* l'inférieur, *plus étroit.*

Des concepts qui ont une sphère identique sont appelés *concepts réciproques (conceptus reciproci)* [72].

§ 13. *Rapport du concept inférieur au concept supérieur — du concept plus large au concept plus étroit.*

Le concept inférieur n'est pas contenu *dans* le concept supérieur ; car il contient davantage en lui que le concept supérieur. Mais il est contenu *sous* lui, car le concept supérieur contient le principe de connaissance du concept inférieur.

En outre un concept n'est pas *plus large* qu'un autre parce qu'il contient *davantage* sous lui — car on ne peut pas le savoir — mais dans la mesure où il contient sous lui non seulement *l'autre concept* mais outre ce dernier *davantage encore.*

§ 14. *Règles générales concernant la subordination des concepts.*

Voici les règles générales qui concernent l'extension logique des concepts :

1) ce qui convient aux concepts supérieurs ou ce qui y contredit convient également ou contredit aux concepts inférieurs qui sont contenus sous ces concepts supérieurs ;

2) réciproquement : ce qui convient ou contredit à *tous* les concepts inférieurs, convient ou contredit également à leurs concepts supérieurs.

Remarque. Puisque ce en quoi les choses conviennent entre elles provient de leurs propriétés *universelles* et que ce en quoi elles diffèrent entre elles provient de leurs propriétés *particulières,* on ne peut pas conclure que ce qui convient ou contredit à *un* concept inférieur, convient également ou contredit à d'*autres* concepts inférieurs qui appartiennent avec le premier à un concept supérieur. Ainsi par exemple on ne peut pas conclure : ce qui ne convient pas à l'homme ne convient pas non plus aux anges.

§ 15. *Conditions de formation des concepts supérieurs et inférieurs ; abstraction logique et détermination logique.*

En poursuivant l'abstraction logique on forme des concepts toujours plus élevés ; en poursuivant la détermination logique on forme des concepts toujours plus inférieurs. — La plus grande abstraction possible donne le concept le plus élevé ou le plus abstrait, — celui dont aucune détermination ne se laisse plus abstraire. La détermination complète la plus haute donnerait un *concept totalement* <durchgängig> *déterminé (conceptum omnimode determinatum)*, c'est-à-dire tel qu'on ne pourrait plus y ajouter par la pensée davantage de détermination.

Remarque. Comme il n'y a que les choses singulières ou individus qui sont totalement déterminés, il ne peut y avoir de connaissances totalement déterminées que comme *intuitions*, et non comme *concepts* ; car en ce qui concerne ces derniers la détermination logique ne peut jamais être considérée comme parfaite <vollendet> (cf. par 11, Remarque).

§ 16. *Usage* in abstracto et in concreto *des concepts.*

Tout concept peut être employé *en général* et *en particulier (in abstracto et in concreto).* Le concept inférieur est employé *in abstracto* relativement à son concept supérieur ; le concept supérieur est employé *in concreto* relativement à son concept inférieur.

Remarques. 1) Les expressions d'*abstrait* et de *concret* ne se rapportent pas tant aux concepts en eux-mêmes — car tout concept est un concept abstrait — que bien plutôt à leur *usage* seulement. Et cet usage à son tour peut comporter différents degrés — selon qu'on traite un concept tantôt plus tantôt moins comme abstrait ou concret, c'est-à-dire qu'on en écarte ou qu'on y retient plus ou moins de déterminations — Par l'usage abstrait un concept se rapproche du genre suprême, par l'usage concret il se rapproche de l'individu.

2) Lequel de ces deux usages, concret ou abstrait, des concepts présente sur l'autre un avantage ? On ne peut en décider. On ne saurait moins apprécier la valeur de l'un que celle de l'autre. — Des concepts très abstraits nous font peu connaître de beaucoup de choses ; des concepts très concrets nous font beaucoup connaître de peu de choses ; — donc ce

que nous gagnons d'un côté, nous le reperdons de l'autre. — Un concept dont la sphère est grande nous est de ce fait très utile, puisqu'on peut l'appliquer à beaucoup de choses ; mais de ce fait également le contenu en est d'autant moindre. Dans le concept de *substance* par exemple je ne pense pas tant que dans le concept de *craie*.

3) Trouver le rapport entre la représentation *in abstracto* et la représentation *in concreto* dans la même connaissance, donc entre les concepts et leur présentation <Darstellung>, ce qui permet d'atteindre le maximum de connaissance tant en extension qu'en compréhension, voilà en quoi consiste *l'art de la popularité.*

Chapitre II

DES JUGEMENTS

§ 17. *Définition du jugement en général.*

Un jugement [73] est la représentation de l'unité de la conscience de différentes représentations, ou la représentation de leurs rapports en tant qu'elles constituent un concept.

§ 18. *Matière et forme des jugements.*

Tout jugement possède, à titre d'éléments constitutifs essentiels, une *matière* et une *forme* — La *matière* consiste dans les connaissances données et liées pour <zur> l'unité de la conscience dans le jugement ; — la *forme* du jugement consiste dans la détermination de la manière dont les différentes représentations, en tant que telles, appartiennent à *une* conscience.

§ 19. *Objet de la réflexion logique, — la simple forme des jugements.*

La logique faisant abstraction de toute différence réelle ou objective de la connaissance, ne peut pas plus avoir affaire à la matière des jugements qu'au contenu des concepts. Elle doit donc borner son examen à la différence des jugements au point de vue de leur simple forme.

§ 20. *Formes logiques des jugements : quantité, qualité, relation et modalité.*

Les différences des jugements au point de vue de leur forme se laissent ramener aux quatre moments principaux de la quantité, de la qualité, de la relation et de la modalité, qui permettent de déterminer autant d'espèces différentes de jugements [74].

§ 21. *Quantité des jugements : universels, particuliers, singuliers.*

Selon la quantité, les jugements sont *universels*, ou *particuliers*, ou *singuliers*, suivant que le sujet dans le jugement est soit *entièrement* impliqué *dans* — ou exclu *de* — la notion <Notion> du prédicat, soit *partiellement* impliqué dans — ou exclu de — celle-ci. Dans le jugement *universel*, la sphère d'un concept est entièrement enfermée à l'intérieur de la sphère d'un autre ; dans un jugement *particulier* une partie du premier est sous la sphère de l'autre ; et dans le jugement *singulier* enfin, un concept qui n'a pas du tout de sphère est, de ce fait, compris simplement comme partie *sous* la sphère d'un autre.

Remarques. 1) Les jugements singuliers doivent, dans l'usage, être pour la forme logique, assimilés aux jugements universels [75] ; car dans les deux le prédicat vaut du sujet sans exception. Par exemple dans la proposition singulière : *Caïus est mortel,* il ne peut pas plus y avoir d'exception que dans

la proposition universelle : *tous les hommes sont mortels.*
Car il n'y a qu'*un* Caïus.

2) Au point de vue de l'universalité <Allgemeinheit>
d'une connaissance, il y a une réelle différence entre les
propositions *générales* <generalen> et les propositions
universelles <universalen>, mais qui ne concerne en rien
la logique. Cette différence consiste en ce que les propositions *générales* sont celles qui contiennent simplement
quelque chose de l'universel de certains objets, et qui par
suite ne contiennent pas les conditions suffisantes de la
subsomption, par exemple la proposition : on doit fonder
les preuves ; — les propositions *universelles* sont celles qui
affirment universellement quelque chose d'un objet.

3) Des règles universelles sont soit *analytiquement* soit *synthétiquement universelles.* Les premières font abstraction des
distinctions <Verschiedenheiten> ; les secondes ont égard aux
différences <Unterschiede> et par suite déterminent en
fonction de celles-ci également. — L'universalité analytique
qui suit d'un concept est rendue d'autant plus immédiatement possible que l'objet est pensé comme simple.

4) Quand des propositions universelles ne peuvent être
considérées dans leur universalité sans être connues *in
concreto,* elles ne peuvent servir de règle ni par suite prendre
de valeur *heuristique* dans l'application ; elles ne sont que
des problèmes en vue de rechercher les principes universels
pour ce qui a d'abord été connu dans des cas particuliers.
Par exemple la proposition : *celui qui n'a pas d'intérêt à
tromper et sait la vérité, dit la vérité,* — cette proposition ne
doit pas être considérée dans son universalité, parce que
c'est seulement par expérience que nous connaissons la restriction à la condition du désintéressement, autrement dit
que les hommes peuvent tromper par intérêt, ce qui vient
de ce qu'ils ne s'attachent pas strictement à la moralité.
Observation qui nous apprend à connaître la faiblesse de la
nature humaine.

5) Concernant les jugements particuliers, il faut remarquer que s'ils doivent pouvoir être considérés par la raison et prendre ainsi une forme rationnelle et pas simplement intellectuelle (abstraite), il faut que le sujet soit un concept plus large *(conceptus latior)* que le prédicat — Soit en tout temps le prédicat = ○ , le sujet = □ , la figure que

voici est celle d'un jugement particulier : , car

quelque chose du domaine de a est b, quelque chose non-b, —

conséquence rationnelle — Mais soit la figure : alors

tout *a* peut au moins être contenu sous *b*, s'il est plus petit, mais non pas s'il est plus grand ; il n'est donc particulier <particular> que de façon contingente.

§ 22. *Qualité des jugements : affirmatifs, négatifs, indéfinis.*

Selon la *qualité*, les jugements sont *affirmatifs*, ou *négatifs*, ou *indéfinis*. Dans les jugements *affirmatifs* le sujet est pensé *sous* la sphère d'un prédicat ; dans les jugements *négatifs* il est placé *hors* de la sphère de ce dernier et dans les jugements *indéfinis* il est placé dans la sphère d'un concept qui se trouve hors de la sphère d'un autre.

Remarques. 1) Le jugement indéfini n'indique pas simplement qu'un sujet n'est pas contenu sous la sphère d'un prédicat, mais qu'il se trouve quelque part dans la sphère indéfinie qui est extérieure à la sphère de ce prédicat ; par conséquent ce jugement représente la sphère du prédicat *comme limitée*.

Tout possible est ou bien A ou bien non-A. Si donc je dis quelque chose est non-A par exemple : l'âme humaine est *non-mortelle*, quelques hommes sont non-savants, etc..., c'est là un jugement indéfini. Car il ne détermine pas, au-delà de la sphère finie A de quel *concept* l'objet relève, mais simplement qu'il relève de la sphère extérieure à A, ce qui n'est pas à proprement parler une sphère : c'est seulement *la contiguïté d'une sphère qui s'étend à l'infini, autrement dit la limitation même.* — Or bien que l'exclusion soit une négation, la limitation d'un concept est une action positive. Donc les limites <Grenzen> sont des concepts positifs d'objets bornés <beschränkter>.

2) Selon le principe du tiers exclu *(exclusi tertii)* la sphère d'un concept relativement à une autre sphère l'exclut ou l'englobe. — La logique ayant simplement affaire à la forme du jugement et non aux concepts considérés dans leur contenu, la distinction entre les jugements indéfinis et les jugements négatifs n'est pas du ressort de cette science.

3) Dans les jugements négatifs la négation affecte toujours la copule ; dans les jugements indéfinis ce n'est pas la copule, mais le prédicat qui est affecté par la négation, ce qui peut être exprimé au mieux en latin [76].

§ 23. *Relation des jugements : catégoriques, hypothétiques, disjonctifs.*

Selon la relation, les jugements sont *catégoriques*, ou *hypothétiques*, ou *disjonctifs*. Les représentations données dans un jugement sont, pour l'unité de la conscience, subordonnées l'une à l'autre, soit comme le *prédicat* l'est au *sujet ;* soit comme la *conséquence* l'est au *principe ;* soit comme un *membre de la division* l'est au concept *divisé*. — Le premier rapport détermine les jugements *catégoriques*, le second, les jugements *hypothétiques*, le troisième, les jugements *disjonctifs*.

§ 24. *Jugements catégoriques.*

Dans les jugements catégoriques, c'est le sujet et le prédicat qui en constituent la matière ; quant à la forme qui détermine et exprime le rapport (l'accord ou la contradiction) entre le sujet et le prédicat, elle s'appelle la *copule*.

Remarque. Les jugements catégoriques constituent, il est vrai, la matière des autres sortes de jugements ; mais il ne faut cependant pas croire, avec la plupart des logiciens, que les jugements hypothétiques aussi bien que les disjonctifs ne sont que diverses formes de jugements catégoriques et que par suite ils s'y laissent tous ramener. Ces trois espèces de jugements reposent sur des fonctions logiques de l'entendement essentiellement différentes et doivent en conséquence être examinées selon leur différence spécifique.

§ 25. *Jugements hypothétiques.*

La matière des jugements *hypothétiques* résulte de deux jugements qui sont liés entre eux comme principe et conséquence. — L'un de ces jugements, est l'*antécédent (antecedens, prius)*, l'autre qui se rapporte au premier comme une conséquence est le *conséquent (consequens, posterius)* ; et la représentation de cette sorte de liaison des deux jugements entre eux pour l'unité de la conscience est appelée la *conséquence* <Consequenz> ; elle constitue la *forme* des jugements hypothétiques.

Remarques. 1) Ce que la *copule* est aux jugements catégoriques, la conséquence l'est donc aux jugements hypothétiques : elle en est la forme.

2) Certains pensent qu'il est aisé de changer une proposition hypothétique en proposition catégorique. Cependant cela ne se peut, puisqu'elles diffèrent radicalement l'une de l'autre par nature. Dans les jugements catégoriques, rien n'est problématique, tout est assertorique ; au contraire dans les jugements hypothétiques, il n'y a que la conséquence qui soit assertorique. De là vient que dans ces derniers je puis lier l'un à l'autre deux jugements faux ; car il ne s'agit dans ce cas que de la légitimité de la liaison — de la *forme de la*

conséquence ; c'est sur celle-ci que repose la vérité logique de ces jugements. — Il y a une différence essentielle entre les deux propositions que voici : tous les corps sont divisibles et : si tous les corps sont composés, alors ils sont divisibles. Dans la première proposition, c'est directement que j'affirme la chose ; dans la seconde c'est seulement sous une condition exprimée comme problématique.

§ 26. *Mode de liaison dans les jugements hypothétiques :* modus ponens *et* modus tollens.

La forme de la liaison dans les jugements hypothétiques est double : l'une *pose (modus ponens)*, l'autre *enlève (modus tollens)*.

1) Si le principe *(antecedens)* est vrai, la conséquence *(consequens)* qu'il détermine est également vraie — tel est le *modus ponens.*

2) Si la conséquence *(consequens)* est fausse, le principe *(antecedens)* est également faux — tel est le *modus tollens.*

§ 27. *Jugements disjonctifs.*

Un jugement est *disjonctif* si les parties de la sphère d'un concept donné se déterminent l'une et l'autre dans le tout ou se complètent *(complementa)* pour former un tout.

§ 28. *Matière et forme des jugements disjonctifs.*

La pluralité des jugements donnés dont l'articulation constitue le jugement disjonctif, forment la *matière* de ce jugement et sont appelés les *membres de la disjonction* ou de *l'opposition.* La forme de ce jugement consiste dans *disjonction même,* c'est-à-dire dans la détermination du rapport de divers jugements, en tant qu'ils s'excluent mutuellement et se complètent comme membres de la sphère totale de la connaissance qui a été divisée.

Remarque. Tous les jugements disjonctifs représentent donc divers jugements *comme formant la communauté d'une sphère* et ne produisent chaque jugement que par la limitation de l'autre relativement à la sphère totale et en même temps par là, le rapport que ces divers membres résultant de la séparation *(membra disjuncta)* entretiennent entre eux. — Un membre n'en détermine donc ici un autre que dans la mesure où ils forment ensemble une communauté à titre de parties d'une sphère totale de connaissance, *hors de laquelle rien ne peut être pensé dans un certain rapport.*

§ 29. *Caractère propre des jugements disjonctifs.*

Le caractère propre de tous les jugements disjonctifs, qui détermine, au point de vue de la relation, leur différence spécifique relativement aux autres et en particulier aux jugement catégoriques, consiste en ce que les membres de la disjonction sont en totalité des jugements problématiques, dont on ne peut rien penser d'autre que ceci : étant les parties de la sphère d'une connaissance, chacun complétant l'autre pour former le tout *(complementum ad totum)*, pris ensemble, ils équivalent à la sphère *du tout.* Il s'ensuit que la vérité doit être contenue dans l'un des jugements problématiques, ou, ce qui revient au même, que l'un d'eux doit avoir valeur *assertorique*, puisque, en dehors d'eux, la sphère de la connaissance n'englobe rien sous les conditions données et qu'ils sont opposés les uns aux autres ; par suite il n'est possible ni qu'il y ait *en dehors* un autre jugement qui soit vrai, ni qu'il y en ait plus d'un *parmi* eux.

Remarque. Dans un jugement catégorique, la chose dont la représentation est considérée comme une partie de la sphère d'une autre représentation subordonnée, est elle-même considérée comme contenue sous cette sphère qui est son concept supérieur ; c'est donc la partie de la partie qu'on compare ici au tout dans la subordination des sphères. — Mais dans les jugements disjonctifs je vais du tout à toutes les parties prises ensemble. — Ce qui est contenu sous la sphère d'un concept, est également contenu sous une partie de cette sphère. Il faut donc que la sphère soit d'abord divisée. Si par exemple je porte le jugement disjonctif : un savant possède soit une science historique, soit une science rationnelle, — je détermine par là que ces concepts sont, en tant que sphères, des parties de la sphère de : savant, mais qu'ils ne sont en aucune façon partie l'un de l'autre et que, pris tous ensemble, ils forment la sphère complète.

Dans les jugements disjonctifs la sphère du concept divisé n'est pas considérée comme contenue dans la sphère des divisions, mais ce qui est contenu *sous* le concept divisé est considéré comme contenu sous un des membres de la division. C'est ce que peut rendre sensible le schéma de comparaison entre jugements catégoriques et jugements disjonctifs que voici :

— Dans les jugements catégoriques, *x* qui est contenu sous *b*, l'est également sous *a*.

— Dans les jugements disjonctifs, *x* qui est contenu sous *a* est contenu ou bien sous *b*, ou bien sous *c*, etc.

Donc dans les jugement disjonctifs la division indique la coordination non pas des parties du concept total, mais de toutes les parties de sa sphère. Ici je pense *plusieurs choses* au moyen d'*un concept* ; là *une chose* au moyen de *plusieurs concepts*, par exemple le défini au moyen de tous les caractères de la coordination.

§ 30. *Modalité des jugements : problématiques, assertoriques, apodictiques.*

Au point de vue de la modalité [π], moment qui permet de déterminer la relation de tout le jugement à la faculté de connaître, les jugements sont *problématiques, assertoriques,* ou *apodictiques.* Les jugements problématiques sont accompagnés de la conscience de la simple possibilité, les assertoriques de la conscience de la réalité, les apodictiques enfin de la conscience de la nécessité du jugement.

Remarques. 1) Ce moment de la modalité n'indique donc que la manière dont quelque chose est affirmé ou nié dans un jugement ; si on n'arrête rien sur la vérité ou la non-vérité d'un jugement, comme dans le jugement problématique : l'âme de l'homme peut être immortelle ; — ou si on détermine quelque chose à ce sujet, comme dans le jugement assertorique : l'âme humaine est immortelle ; ou enfin si on exprime la vérité d'un jugement et même en lui conférant la dignité de la nécessité, comme dans le jugement apodictique : l'âme de l'homme doit <muss> être immortelle. — Cette détermination de la vérité simplement possible ou réelle ou nécessaire ne concerne donc que *le jugement lui-même,* nullement *la chose* sur laquelle porte le jugement.

2) Dans les jugements problématiques, qu'on peut encore définir comme ceux dont la matière est donnée avec la relation possible entre prédicat et sujet, le sujet doit toujours avoir une sphère plus petite que le prédicat.

3) C'est sur la différence entre jugements problématiques et jugements assertoriques que se fonde la vraie différence entre jugements et *propositions* <Sätzen>, qu'on a coutume de faire consister à tort dans la simple expression au moyen de mots, sans lesquels on ne pourrait pas juger du tout. Dans le jugement, le rapport des diverses représentations à l'unité de la conscience est pensé simplement comme problématique ; dans une proposition au contraire, comme assertorique. Une proposition problématique est une *contradictio in adjecto.* — Avant d'avoir une proposition, il me faut assurément d'abord juger ; et je juge en bien des cas, sans rien arrêter, chose que je dois faire cependant pour déterminer un jugement comme *proposition.* — Du reste il est bon de commencer par

juger de façon problématique, avant d'accepter le jugement comme assertorique, pour pouvoir ainsi le mettre à l'épreuve. En outre il n'est pas toujours indispensable à notre propos que nous ayons des jugements assertoriques.

§ 31. *Jugements exponibles.*

Des jugements qui impliquent simultanément, bien que de façon cachée, une affirmation et une négation, en sorte que l'affirmation se présente comme distincte et la négation comme cachée, sont des propositions *exponibles*.

Remarque. Dans le jugement exponible, par exemple : peu d'hommes sont savants — il y a 1) de façon cachée, le jugement négatif : beaucoup d'hommes ne sont pas savants ; — 2) le jugement affirmatif : quelques hommes sont savants. La nature des propositions exponibles dépendant simplement des conditions du langage, qui permettent d'exprimer en bref deux jugements d'un coup, la remarque qu'il peut y avoir dans notre langue des jugements qui doivent être exposés, relève non de la logique, mais de la grammaire.

§ 32. *Propositions théoriques et pratiques.*

On appelle propositions *théoriques* celles qui se rapportent à l'objet <Gegenstand> et déterminent ce qui lui convient ou ne lui convient pas ; les propositions *pratiques* sont celles qui énoncent l'action qui rend un objet <Object> possible et se présente comme la condition nécessaire de ce dernier.

Remarque. La logique ne doit traiter des propositions pratiques que *dans leur forme,* dans la mesure où elles sont opposées aux propositions *théoriques.* Dans leur *contenu* et dans la mesure où elles se distinguent des propositions *spéculatives,* les propositions pratiques relèvent de la morale.

§ 33. *Propositions indémontrables et démontrables.*

Les propositions *démontrables* sont celles qui sont susceptibles d'une preuve ; celles qui ne sont pas susceptibles d'une preuve sont appelées *indémontrables*.

Des jugements immédiatement certains sont indémontrables, et doivent donc être considérés comme des *propositions élémentaires*.

§ 34. *Principes.*

Des jugements *a priori* immédiatement certains peuvent être appelés *principes* <Grundsätze>, en tant qu'ils servent à prouver d'autres jugements sans être eux-mêmes subordonnés à aucun autre. Pour cette raison, ils sont également nommés *propositions premières* <Principien>, (commencements — Anfänge) [78].

§ 35. *Principes intuitifs et discursifs : axiomes et acroames.*

Les principes sont *intuitifs* ou *discursifs*. Les premiers peuvent être exposés dans l'intuition et se nomment : *axiomes (axiomata)* [79] ; les seconds ne se laissent exprimer que par concepts et peuvent être appelés *acroames (acroamata).*

§ 36. *Propositions analytiques et synthétiques.*

On appelle *analytiques* les propositions dont la certitude repose sur l'*identité* des concepts (du prédicat avec la notion du sujet). — Les propositions dont la vérité ne se fonde pas sur l'identité des concepts, doivent être nommées *synthétiques* [80].

Remarques. 1) A tout x, auquel convient le concept de corps (a + b), convient aussi l'*étendue* (b) ; voilà un exemple de proposition *analytique*.

A tout x, auquel convient le concept de corps (a + b), convient aussi l'*attraction* (c) ; voilà un exemple de proposition *synthétique*.

Les propositions synthétiques accroissent la connaissance

materialiter ; les propositions analytiques l'accroissent simplement *formaliter.* Les premières contiennent des *déterminations (determinationes),* les secondes ne contiennent que des *prédicats* logiques.

2) Les principes analytiques ne sont pas des axiomes, car ils sont *discursifs.* Et les principes synthétiques ne sont également des axiomes que lorsqu'ils sont *intuitifs.*

§ 37. *Propositions tautologiques.*

L'identité des concepts dans les jugements analytiques peut-être soit *explicite (explicita)* soit *implicite (implicita).* Dans le premier cas, les propositions analytiques sont *tautologiques.*

Remarques. 1) Les propositions tautologiques sont *virtualiter* vides ou *sans conséquences ;* car elles sont sans utilité et sans usage. Aussi par exemple : la proposition tautologique : l'homme est homme. Si je ne sais rien dire de plus de l'homme sinon qu'il est homme, je ne sais rien de plus de lui.

Les propositions implicitement *(implicite)* identiques au contraire ne sont pas sans conséquences et infécondes, car par l'*explicitation (explicatio)* elles rendent clair le prédicat qui demeurait implicite dans le concept du sujet.

2) Il faut distinguer les propositions sans conséquences des propositions *vides de sens,* qui sont vides pour l'entendement parce qu'elles concernent la détermination de *qualités occultes (qualitates occultae).*

§ 38. *Postulat et problème.*

Un *postulat* est une proposition pratique immédiatement certaine ou un principe qui détermine une action possible, dans laquelle on suppose que la manière de l'exécuter est immédiatement certaine [81]. Les *problèmes (problemata)* sont des propositions démontrables qui appellent une instruction

<Anweisung> ; elles énoncent une action dont le mode d'exécution n'est pas immédiatement certain.

Remarques. 1) Il peut y avoir également des postulats *théoriques* au service de la raison pratique. Ce sont des hypothèses théoriques nécessaires au point de vue de la raison pratique, comme l'existence de Dieu, de la liberté et d'un autre monde.

2) Le problème comporte 1) la *question* <Quästion> qui contient ce qui doit être exécuté ; 2) la *résolution* <Resolution> qui contient la façon dont l'exécution peut être conduite ; 3) la *démonstration* <Demonstration> que lorsque j'aurai procédé ainsi, il en résultera ce qui est demandé.

§ 39. *Théorèmes, corollaires, lemmes et scholies.*

Les *théorèmes* sont des propositions théoriques qui peuvent et doivent être démontrées — Les *corollaires* sont des conséquences immédiates des propositions antérieures — Les *lemmes (lemmata)* sont des propositions qui ne sont pas étrangères à la science où elles sont supposées démontrées, mais qui sont empruntées à d'autres sciences — Les *scholies* enfin sont de simples *propositions explicatives,* qui par conséquent ne constituent pas des membres appartenant au tout du système.

Remarque. Les moments essentiels et généraux d'un théorème sont la *thèse* <Thesis> et la *démonstration* — On peut du reste marquer également la différence entre théorèmes et corollaires de la façon suivante : ces derniers sont conclus de façon immédiate, les premiers au contraire sont déduits par une série de conséquences de propositions immédiatement certaines.

§ 40. *Jugements de perception et jugements d'expérience.*

Un *jugement de perception* est simplement subjectif ; un jugement objectif formé à partir de perceptions est un *jugement d'expérience* [82].

Remarque. Un jugement issu de simples perceptions n'est vraiment possible que si j'exprime ma représentation comme *perception :* moi, qui perçois une tour, je la perçois comme ayant la couleur rouge. Mais je ne peux pas dire : *elle est rouge.* Car en ce cas ce ne serait pas un jugement simplement empirique, mais bien un *jugement d'expérience,* c'est-à-dire un jugement empirique grâce auquel j'atteins un concept d'objet. Par exemple : *en touchant la pierre je la sens chaude,* c'est un jugement de perception ; *la pierre est chaude,* c'est un jugement d'expérience. Ce qui caractérise ce dernier, c'est que je n'attribue pas à l'objet ce qui est simplement subjectif ; car un jugement d'expérience est la perception d'où naît un concept d'objet ; par exemple si c'est dans la lune que se déplacent les points lumineux, ou bien dans l'air, ou bien dans mon œil.

<h3 style="text-align:center">Chapitre III</h3>

<h3 style="text-align:center">DES RAISONNEMENTS</h3>

§ 41. *Le raisonnement en général.*

Par *raisonnement* <Schliessen> il faut entendre cette fonction de la pensée qui permet de dériver un jugement d'un autre. Un raisonnement <Schluss> en général est donc la dérivation d'un jugement à partir d'un autre jugement.

§ 42. *Raisonnements immédiats et raisonnements médiats.*

Tous les raisonnements sont ou *immédats* ou *médiats* [83].
Un raisonnement *immédiat (consequentia immediata)* est

la dérivation *(deductio)* d'un jugement à partir d'un autre jugement sans le recours à un jugement intermédiaire *(judicium intermedium)*. Un raisonnement est *médiat* si, pour dériver une connaissance du concept qu'un jugement contient en lui, on a encore besoin d'un autre concept.

§ 43. *Raisonnements de l'entendement, raisonnements de la raison et raisonnements de la faculté de juger.*

Les raisonnements immédiats s'appellent aussi *raisonnements de l'entendement* ; tous les raisonnement médiats par contre sont ou des raisonnements de la *raison* ou des raisonnements de la *faculté de juger.* — Nous commençons par traiter des raisonnements immédiats ou raisonnements de l'entendement.

I. *Raisonnements de l'entendement*

§ 44. *Nature propre des raisonnements de l'entendement.*

Le caractère essentiel de tous les raisonnements immédiats et le principe de leur possibilité consiste simplement dans un changement de la *simple forme* des jugements, tandis que la *matière* des jugements, le sujet et le prédicat, demeurent *inchangés.*

Remarques. 1) Du fait que dans les raisonnements immédiats il n'y a que la forme des jugements qui soit changée et aucunement leur matière, ces raisonnements se distinguent de tous les raisonnements médiats, dans lesquels les jugements sont différenciés *par la matière*, puisqu'en ce cas doit s'ajouter un nouveau concept comme jugement intermédiaire ou comme moyen terme *(terminus medius)* pour dériver un jugement d'un autre. Si par exemple je conclus : tous les hommes sont mortels, donc Caïus aussi est mortel, il ne s'agit pas là d'un raisonnement immédiat. Car pour conclure, j'ai encore besoin du jugement intermédiaire : Caïus est un homme, et par ce nouveau concept la matière des jugements est changée.

2) A vrai dire, dans les raisonnements immédiats aussi il faut un *judicium intermedium ;* mais alors ce jugement intermédiaire est *simplement tautologique.* Par exemple : dans le raisonnement immédiat : tous les hommes sont mortels, *quelques hommes sont hommes,* donc quelques hommes sont mortels, le moyen terme est une proposition tautologique.

§ 45. *Modes* (modi) *des raisonnements de l'entendement.*

Les raisonnements de l'entendement se rangent dans toutes les classes des fonctions logiques du jugement, et par suite sont déterminés dans leurs espèces principales par les moments de la quantité, de la qualité, de la relation et de la modalité. D'où la division suivante de ces raisonnements.

§ 46. 1. *Raisonnements de l'entendement (au point de vue de la quantité des jugements)* per judicia subalternata.

Dans les raisonnements de l'entendement *per judicia subalternata* les deux jugements diffèrent quant à la *quantité* et ici le jugement particulier est dérivé du jugement universel selon le principe : *de l'universel au particulier la conséquence est bonne (ab universali ad particulare valet consequentia).*

Remarque. Un *judicium* est dit *subalternatum* lorsqu'il est compris *sous l'autre,* par exemple des jugements *particuliers* sous des jugements *universels.*

§ 47. 2. *Raisonnements de l'entendement (au point de vue de la qualité des jugements)* per judicia opposita.

Dans les raisonnements de l'entendement de cette espèce le changement concerne la *qualité* des jugements et plus précisément considérée au point de vue de *l'opposition* — Or comme cette opposition peut-être de *trois sortes,* il en résulte la division particulière suivante du raisonnement immédiat : par jugements opposés *contradictoires, contraires,* et *subcontraires.*

Remarque. Les raisonnements de l'entendement par jugements *équivalents (judicia aequipollentia)* ne peuvent être à proprement parler nommés des raisonnements ; car en ce cas il n'y a pas de conséquence logique, il faut plutôt les considérer comme une simple substitution de termes qui désignent un seul et même concept, ce qui fait que les jugements eux-mêmes demeurent inchangés dans leur forme. Par exemple : les hommes ne sont pas tous vertueux et quelques hommes ne sont pas vertueux. Ces deux jugements disent la même chose.

§ 48. a) *Raisonnements de l'entendement* per judicia contradictorie opposita.

Dans les raisonnements de l'entendement par des jugements opposés contradictoirement entre eux et qui, comme tels, constituent la pure opposition, la vraie, la vérité d'un des jugements contradictoirement opposés se déduit de la fausseté de l'autre et inversement. — Car la véritable opposition qui a lieu dans ce cas ne contient ni plus ni moins que ce qui relève de l'opposition. En vertu du *principe du tiers exclu,* les deux jugements contradictoires ne peuvent être vrais ; mais ils peuvent tout aussi peu être tous deux faux. Si donc l'un est vrai, l'autre est faux et inversement.

§ 49. b) *Raisonnements de l'entendement* per judicia contrarie opposita.

Des jugements contraires ou opposés *(judicia contrarie opposita)* sont des jugements dont l'un est universellement affirmatif, l'autre universellement négatif. Or comme l'un d'eux énonce davantage que l'autre et que la fausseté peut se trouver dans l'excédent qu'il énonce au-delà de la simple négation de l'autre, ils ne peuvent assurément pas être vrais tous les deux, mais ils peuvent être tous deux faux — Concernant ces jugements, c'est seulement de *la vérité de l'un à la fausseté de l'autre que la conséquence est bonne, mais non inversement.*

§ 50. c) *Raisonnements de l'entendement* per judicia subcontrarie opposita.

Des jugements *subcontraires* sont tels que l'un affirme ou nie *particulièrement (particulariter)* ce que l'autre nie ou affirme particulièrement. Comme ils peuvent être tous deux vrais, mais qu'il ne peuvent être tous deux faux, en ce qui les concerne la seule conséquence qui soit bonne est la suivante : *si l'une de ces propositions est fausse, l'autre est vraie, mais non inversement.*

Remarque. Dans les jugements subcontraires, l'opposition n'est pas pure, stricte, car *ce n'est pas des mêmes objets* que l'une nie ou affirme ce que l'autre affirme ou nie. Par exemple dans ce raisonnement : quelques hommes sont savants, donc quelques hommes ne sont pas savants, ce n'est pas des mêmes hommes que le premier jugement affirme ce que nie le second.

§ 51. 3. *Raisonnements de l'entendement (au point de vue de la relation des jugements)* per judicia conversa, seu per conversionem.

Les raisonnements immédiats par *conversion* <Umkehrung> concernent la relation des jugements et consistent dans la transposition <Versetzung> du sujet et du prédicat dans les deux jugements, en sorte que le sujet d'un jugement devienne le prédicat de l'autre et inversement.

§ 52. *Conversion pure et conversion altérée.*

Dans la conversion la quantité des jugements ou bien est changée ou bien demeure inchangée — Dans le premier cas la proposition convertie *(conversum)* diffère selon la quantité de la proposition qui convertit *(convertens)* et la conversion est dite altérée *(conversio per accidens)* ; dans le second cas, la conversion est dite *pure (conversio simpliciter talis).*

§ 53. *Règles générales de la conversion.*

Les règles suivantes régissent les raisonnements de l'entendement par conversion :

1) Les jugements universels affirmatifs ne peuvent être convertis que *per accidens* car dans ces jugements le prédicat est un concept plus étendu que celui du sujet, en sorte qu'il n'y est que partiellement contenu.

2) Tous les jugements universellement négatifs peuvent être convertis *simpliciter ;* — car ici le sujet est tiré de la sphère du prédicat.

3) Toutes propositions affirmatives particulières peuvent être converties *simpliciter ;* — car dans ces jugements une partie de la sphère du sujet a été subsumée sous le prédicat, donc une partie de la sphère du prédicat peut également être subsumée sous le sujet.

Remarques. 1) Dans les jugements universellement affirmatifs le sujet est considéré comme un *contentum* du prédicat, puisqu'il est contenu dans la sphère de ce dernier. Je puis donc conclure seulement par exemple : tous les hommes sont mortels, donc quelques-uns des êtres qui sont contenus dans le concept mortel, sont des hommes. Mais que les jugements universellement négatifs puissent être convertis *simpliciter,* la raison en est que deux concepts universellement contradictoires entre eux se contredisent *dans la même extension.*

2) Beaucoup de jugements universellement affirmatifs peuvent aussi, à vrai dire, être convertis *simpliciter.* Mais la raison n'en est pas dans leur forme, elle est dans la nature

particulière de leur matière ; ainsi par exemple les deux jugements : tous ce qui est immuable est nécessaire et : tout ce qui est nécessaire est immuable.

§ 54. 4. *Raisonnements de l'entendement (au point de vue de la modalité des jugements)* per judicia contraposita.

La manière immédiate de raisonner par la contraposition consiste dans cette transposition <Versetzung> *(metathesis)* des jugements dans laquelle seule leur quantité demeure, alors que la *qualité* est changée. Elle ne concerne que la modalité des jugements puisqu'elle transforme un jugement assertorique en jugement apodictique.

§ 55. *Règles générales de la contraposition.*

Voici la règle générale qui régit la contraposition :

Tous les jugements universellement affirmatifs peuvent être contraposés simpliciter. Car si le prédicat, en tant qu'il est ce que le sujet renferme sous lui, par conséquent la sphère entière, est nié, une partie de cette sphère, c'est-à-dire le sujet, doit également être niée.

Remarques. 1) La métathèse des jugements par conversion et la métathèse par contraposition sont donc opposées entre elles, en ce sens que l'une change simplement la quantité, l'autre la qualité.

2) Les raisonnements immédiats dont il a été question se rapportent simplement aux jugements *catégoriques*.

II. *Raisonnements de la raison* *

§ 56. *Raisonnement de la raison en général.*

Un raisonnement de la raison est la connaissance de la

___

* **Vernunftschlüsse.** Nous conservons cette traduction littérale pour marquer la symétrie avec : I. *Raisonnements de l'entendement* (p. 125) et : II. *Raisonnements de la faculté de juger* (p. 143). Dans la suite nous traduirons par : *syllogismes.* (N. d. T.).

nécessité d'une proposition par la subsomption de sa condition sous une règle générale donnée.

§ 57. *Principe général de tout syllogisme.*

Le principe général sur lequel repose la validité de toute inférence <Schliessen> par la raison peut-être formulé ainsi :
Ce qui est soumis à la condition d'une règle, est également soumis à la règle elle-même.

Remarque. Le syllogisme établit d'abord une *règle générale* et une subsomption sous la condition de cette règle. Ainsi on connaît la conclusion *a priori* non dans le singulier, mais comme contenue dans l'universel et comme nécessaire sous une certaine condition. Et ce fait que tout nécessaire sous une certaine condition. Et ce fait que tout soit soumis à l'universel et soit déterminable dans une règle universelle est précisément *le principe de rationalité ou de nécessité* (*principium rationalitatis sive necessitatis*).

§ 58. *Eléments essentiels constitutifs du syllogisme.*

Tout syllogisme comprend les trois éléments essentiels que voici :

1) une règle universelle qui est appelée la *majeure* (*propositio major*) ;

2) la proposition qui subsume une connaissance sous la condition de la règle universelle et s'appelle la *mineure* (*propositio minor*) ;

3) enfin la proposition qui affirme ou nie de la connaissance subsumée le prédicat de la règle, la *conclusion* (*conclusio*). Les deux premières propositions dans leur liaison l'une à l'autre sont nommées : propositions *premières* ou *prémisses*.

Remarque. Une règle est une assertion soumise à une condition universelle. Le rapport de la condition à l'assertion, c'est-à-dire la manière dont celle-ci est soumise à celle-là, est l'*exposant (Exponent)* de la règle.

La connaissance que la condition a lieu (quelque part) est la *subsomption*.

La conjonction <Verbindung> de ce qui a été subsumé sous la condition avec l'assertion de la règle est l'*inférence* <Schluss> *.

§ 59. *Matière et forme des syllogismes.*

Les propositions premières ou prémisses constituent la *matière*, et la conclusion, dans la mesure où elle renferme la conséquence, constitue la *forme* des syllogismes.

Remarques. 1) Dans tout syllogisme, il faut donc d'abord s'assurer de la vérité des prémisses et ensuite de la légitimité de la conséquence. — Quand on rejette un syllogisme il ne faut jamais commencer par rejeter la conclusion, mais toujours en premier lieu soit les prémisses, soit la conséquence.

2) Dans tout syllogisme, la conclusion est donnée aussitôt que les prémisses et la conséquence sont données.

§ 60. *Division des syllogismes (au point de vue de la relation) en catégoriques, hypothétiques et disjonctifs.*

Toutes les règles (jugements) contiennent l'unité objective de la conscience de la diversité de la connaissance ; donc elles contiennent une condition sous laquelle une connaissance appartient avec l'autre à une même conscience. Or on ne peut concevoir que trois conditions de cette unité : comme sujet de l'inhérence des caractères ; — ou comme raison de la dépendance d'une connaissance relativement à une autre ; ou enfin comme union des parties en un tout (division logique). Par suite il ne peut également y avoir qu'autant d'espèces de règles universelles *(propositiones majores)*, per-

---

* Inférence est le terme le plus général, dont raisonnement, déduction, induction, etc., sont des cas spéciaux (Lalande, sub verbo). — (N. d. T.).

mettant d'assurer la conséquence <Consequenz> qui fait passer d'un jugement à un autre.

C'est là-dessus que se fonde la division de tous les syllogismes en *catégoriques, hypothétiques* et *disjonctifs*.

Remarques. 1) Les syllogismes ne peuvent être divisés ni selon la *quantité* — car toute majeure est une règle, donc quelque chose d'universel ; ni selon la *qualité,* — car il est indifférent que la conclusion soit affirmative ou négative ; ni enfin selon la *modalité,* — car la conclusion est toujours accompagnée de la conscience de la nécessité et, par suite, a la dignité d'une proposition apodictique. — Il ne reste donc que la *relation* comme unique principe possible de la division des syllogismes.

2) Beaucoup de logiciens tiennent les seuls syllogismes catégoriques comme *ordinaires* et considèrent les autres comme *extraordinaires*. Mais sans raison et à tort. Car les trois espèces sont des produits également légitimes, mais résultant de trois fonctions également essentiellement différentes de la raison.

§ 61. *Différence propre entre syllogismes catégoriques, hypothétiques et disjonctifs.*

La différence entre ces trois sortes de syllogismes réside dans la *majeure.* Elle est catégorique dans les syllogismes *catégoriques,* hypothétique ou problématique dans les syllogismes *hypothétiques,* disjonctive dans les syllogismes *disjonctifs.*

§ 62. 1. *Syllogismes catégoriques.*

Dans tout syllogisme catégorique se trouvent trois *termes principaux (termini)* <Hauptbegriffe> :

1) le *prédicat* dans la conclusion, qui s'appelle *terme majeur (terminus major)* parce qu'il a une plus grande sphère que le sujet ;

2) le *sujet* (dans la conclusion) qui s'appelle *petit terme (terminus minor)* ;

3) un caractère intermédiaire *(nota intermedia)* qui s'appelle *moyen terme (terminus medius)* parce qu'il sert à subsumer une connaissance sous la condition de la règle.

Remarque. Cette différence dans les termes ne se trouve que dans les syllogismes catégoriques, parce qu'ils sont les seuls à conclure à l'aide d'un moyen terme ; les autres ne concluent que par la subsomption d'une proposition représentée comme problématique dans la *majeure* et assertorique dans la *mineure*.

§ 63. *Principe des syllogismes catégoriques.*

Le principe sur lequel repose la possibilité et la validité de tout syllogisme catégorique est le suivant :

Ce qui convient au caractère d'une chose, convient également à la chose elle-même ; ce qui contredit au caractère d'une chose contredit aussi à la chose elle-même (nota notae est nota rei ipsius ; repugnans notae, repugnat rei ipsi).

Remarque. Du principe qu'on vient d'exposer se déduit aisément le principe : *dictum de omni et nullo,* qui, pour cette raison, ne saurait avoir valeur de principe suprême ni pour les syllogismes en général, ni pour les syllogismes catégoriques en particulier.

Les concepts de genre et d'espèce sont donc les caractères universels de toutes choses qui leur sont soumises — D'où la règle : *ce qui convient ou répugne au genre ou à l'espèce, convient ou répugne également à tous les objets qui sont contenus sous ce genre ou cette espèce.* Et cette règle s'appelle précisément le *dictum de omni et nullo.*

§ 64. *Règles pour les syllogismes catégoriques.*

De la nature et du principe des syllogismes catégoriques découlent les règles suivantes qui les régissent :

1) Dans tout syllogisme catégorique il ne peut y avoir ni plus ni moins de trois *termes principaux (termini)* ; car je dois ici lier deux concepts (sujet et prédicat) au moyen d'un caractère intermédiaire.

2) Les propositions premières ou prémisses ne peuvent être toutes deux négatives *(ex puris negativis nihil sequitur)* ; car la subsomption dans la mineure doit être affirmative, en tant qu'elle énonce qu'une connaissance est soumise à la condition de la règle.

3) Les prémisses ne peuvent pas être toutes deux des propositions *particulières (ex puris particularibus nihil sequitur)* ; — car alors il n'y aurait pas de règle, c'est-à-dire pas de proposition universelle d'où l'on puisse dériver une connaissance particulière.

4) *La conclusion se règle toujours sur la partie la plus faible du raisonnement,* c'est-à-dire sur la proposition négative et particulière dans les prémisses, en tant qu'elle est dite la partie la plus faible du syllogisme catégorique *(conclusio sequitur partem debiliorem).*

5) Donc si l'une des prémisses est une proposition négative, la conclusion doit être également négative.

6) Si une prémisse est une proposition particulière, la conclusion doit être également particulière.

7) Dans tout syllogisme catégorique la majeure doit être une proposition universelle *(universalis),* la mineure une proposition affirmative *(affirmans).* De là suit enfin

8) que la conclusion doit se régler quant à la *qualité* sur la *majeure,* quant à la *quantité* sur la *mineure.*

Remarque. Il est aisé de voir que la conclusion doit toujours se régler sur la proposition négative et particulière dans les prémisses. Si je fais la mineure particulière seulement et que je dise : quelque chose est contenu sous la règle, dans la conclusion également je peux seulement dire que le prédicat de la règle convient à cette chose, puisque je n'ai *rien* subsumé de plus sous la règle *que cette chose.* Et si j'ai une proposition négative comme règle (majeure), je dois également faire la conclusion négative. Car si la majeure dit : de tout ce qui est soumis à la condition de la règle, tel ou tel prédicat doit être nié, la conclusion doit également nier le prédicat de ce qui (sujet) avait été subsumé sous la condition de la règle.

§ 65. *Syllogismes catégoriques purs et mixtes.*

Un syllogisme catégorique est pur *(purus)* lorsqu'aucune conclusion immédiate n'y est mêlée et que l'ordre régulier des prémisses n'est pas changé ; dans le cas contraire, il est dit *impur ou mixte (ratiocinium impurum* ou *hybridum).*

§ 66. *Syllogismes mixtes par conversion des propositions — Figures.*

Au nombre des syllogismes mixtes il faut mettre ceux qui se forment par la conversion des propositions, dans lesquels par conséquent la place de ces propositions n'est pas la place régulière. Tel est le cas dans les trois dernières figures du syllogisme catégorique.

§ 67. *Les quatre figures des syllogismes.*

On entend par figures ces quatre façons de conclure dont la différence est déterminée par la place particulière des prémisses et de leurs concepts [84].

§ 68. *Principe de la détermination de leur différence par la position différente du moyen terme.*

La place du moyen terme qui est spécialement en question ici peut-être :

1) dans la majeure la place du sujet et dans la mineure la place du prédicat,

2) dans les deux prémisses la place du prédicat,

3) dans les deux prémisses la place du sujet,

4) dans la majeure la place du prédicat et dans la mineure la place du sujet. La distinction des quatre figures est déterminée par ces quatre cas. Appelons S le sujet de la conclusion, P son prédicat et M le moyen terme ; on peut présenter le schéma des quatre figures dans le tableau suivant :

M P	P M	M P	P M
S M	S M	M S	M S
S P	S P	S P	S P

§ 69. *Règle pour la première figure, la seule qui soit régulière.*

La règle de la première figure veut que la majeure soit une proposition universelle, la mineure une proposition affirmative. — Et comme elle doit être la règle universelle de tous les raisonnements catégoriques en général, il en résulte que la première figure est la seule qui soit régulière, qu'elle sert de fondement à toutes les autres, qui toutes, pour être valables, doivent pouvoir s'y ramener par la conversion <Umkehrung> des prémisses *(metathesis praemissorum).*

Remarque. La première figure peut avoir une conclusion de toute quantité et de toute qualité. Dans les autres figures, il n'y a de conclusion que d'une certaine espèce ; quelques-uns de leurs modes en sont exclus. Ce qui montre déjà que les figures ne sont pas parfaites mais qu'on rencontre certaines limitations qui empêchent que la conclusion se fasse dans tous les modes comme dans la première figure.

§ 70. *Condition de la réduction des trois dernières figures à la première.*

La condition de la validité des trois dernières figures, sous laquelle un mode légitime de conclusion est possible dans chacune d'elle, ~~découle de~~ ce que le moyen terme occupe dans les propositions une place telle que, par des conséquences immédiates *(consequentias immediatas)*, sa place puisse s'imposer d'après la règle de la première figure. — De là résulte pour les trois dernières figures les règles suivantes :

§ 71. *Règle de la deuxième figure.*

Dans la deuxième figure la *mineure* reste inchangée, il faut donc que la majeure soit *convertie* et précisément de manière telle qu'elle demeure *universelle (universalis)*. Ceci n'est possible que si elle est *universellement négative*, mais si elle est *affirmative*, elle doit être contraposée. Dans les deux cas la conclusion est *négative (sequitur partem debiliorem)*.

Remarque. La règle de la deuxième figure est : ce à quoi un caractère d'une chose répugne, répugne à la chose elle-même. — Ici je dois donc d'abord convertir et dire : ce à quoi un caractère répugne, répugne à ce caractère ; — ou bien je dois convertir la conclusion : ce à quoi un caractère d'une chose répugne, à cela répugne la chose elle-même ; par conséquent il répugne à la chose.

§ 72. *Règle de la troisième figure.*

Dans la troisième figure la majeure est directe ; il faut donc que la mineure soit convertie de manière qu'il en résulte une proposition affirmative. Mais ceci n'est possible que par le fait que la proposition affirmative est *particulière* ; par suite la *conclusion* est *particulière*.

Remarque. La règle de la troisième figure est : ce qui convient ou répugne à un caractère, convient ou répugne aussi à quelques-unes de ces choses sous lesquelles ce caractère est contenu. — Ici je dois d'abord dire : il convient ou répugne à tout ce qui est contenu sous ce caractère.

§ 73. *Règle de la quatrième figure.*

Si dans la quatrième figure, la majeure est universellement négative, elle peut-être purement *(simpliciter)* convertie ; de même la mineure comme particulière ; donc la conclusion est négative. — Si au contraire la majeure est universellement affirmative, c'est seulement *per accidens* qu'elle peut-être soit convertie soit contraposée ; donc la conclusion est soit particulière, soit négative. — Si la conclusion ne doit pas être convertie (P S changé en S P), il faut qu'ait lieu une transposition des prémisses *(metathesis praemissorum)* ou une conversion des deux *(conversio)*.

Remarque. Dans la quatrième figure on conclut : le *prédicat* dépend du moyen terme, le moyen terme du *sujet* (de la conclusion), donc le *sujet* du *prédicat ;* or telle n'est pas la conséquence, mais à la rigueur sa converse. — Pour rendre la conclusion possible, il faut faire de la majeure la mineure et *vice versa* et convertir la conclusion, puisque par le premier changement le petit terme est changé en grand terme [85].

§ 74. *Résultats généraux concernant les trois dernières figures.*

Des règles données pour les trois dernières figures, il résulte

1) que dans aucune d'entre elles il n'y a de conclusion universellement affirmative, mais que la conclusion est toujours soit négative soit particulière,

2) qu'à chacune est mêlée une conséquence immédiate *(consequentia immediata)*, qui, à vrai dire, n'est pas explicitement indiquée, mais qui doit cependant être tacitement convenue,

3) que, de ce fait, ces trois dernières façons de conclure <*modi* des Schliessens> ne doivent pas être appelés des syllogismes purs, mais impurs *(ratiocinia hybrida, impura)*, puisque tout syllogisme pur ne peut avoir plus de trois termes *(termini)*.

§ 75. 2. *Syllogismes hypothétiques.*

Un syllogisme hypothétique est celui qui a pour *majeure* une proposition hypothétique. Il se compose donc de deux propositions 1) un *antécédent (antecedens)* et 2) un *conséquent (consequens)* et il est conclu soit selon le *modus ponens,* soit selon le *modus tollens.*

Remarques. 1) Les syllogismes hypothétiques n'ont donc pas de moyen terme, mais on y indique seulement les conséquences d'une proposition découlant d'une autre. — La majeure de ce raisonnement exprime donc la conséquence qui lie deux propositions l'une à l'autre, proposition dont la première est une prémisse, la seconde une conclusion. La mineure est un changement de la condition problématique en une proposition catégorique.

2) Du fait que le raisonnement hypothétique ne comporte que deux propositions, sans avoir de moyen terme, il faut voir qu'il n'est pas à proprement parler un raisonnement de la raison, mais bien plutôt une conséquence immédiate à démontrer, à partir d'un antécédent et d'un conséquent, selon la matière ou selon la forme *(consequentia immediata demonstrabilis [ex antecedente et consequente] vel quoad materiam vel quoad formam).*

Tout syllogisme doit être une preuve. Or le syllogisme hypothétique ne comporte que le *principe* de la preuve. Ainsi il est également clair de cette façon qu'il ne peut être un raisonnement de la raison.

§ 76. *Principe des syllogismes hypothétiques.*

Le principe des syllogismes hypothétiques est le *principe de raison : a ratione ad rationatum, a negatione rationati ad negationem rationis valet consequentia.*

§ 77. 3. *Syllogismes disjonctifs.*

Dans les raisonnements disjonctifs la majeure est une proposition disjonctive et, comme telle, elle doit avoir des membres de division ou de disjonction.

On y conclut 1) soit de la vérité d'un membre de la disjonction à la fausseté des autres, 2) soit de la fausseté de tous les membres sauf un, à la vérité de celui-ci. Le premier cas se produit grâce au *modus ponens (ou ponendo tollens)* ; le second grâce au *modus tollens (tollendo ponens)*.

Remarques. 1) Tous les membres de la disjonction pris ensemble, sauf un, forment l'opposition contradictoire avec ce membre unique. Il y a donc ici une dichotomie selon laquelle si l'un des deux est vrai, l'autre doit être faux et réciproquement.

2) Tous les raisonnements disjonctifs qui ont plus de deux membres de disjonction sont donc proprement *polysyllogistiques*. Car toute vraie disjonction ne peut avoir que deux membres et la division logique a également deux membres ; mais les membres subdivisants *(membra subdividentia)* sont placés, pour faire bref, sous les membres divisants *(membra dividentia)*.

§ 78. *Principe des syllogismes disjonctifs.*

Le principe des raisonnements disjonctifs est le *principe du tiers exclu : A contradictorie oppositorum negatione unius ad affirmationem alterius, a positione unius ad negationem alterius valet consequentia.*

§ 79. *Dilemmes.*

Un dilemme est un syllogisme hypothétiquement disjonctif ou un raisonnement hypothétique dont le conséquent est un jugement disjonctif. La proposition hypothétique dont le conséquent est disjonctif, est la majeure ; la mineure affirme que le conséquent *(per omnia membra)* est faux et la conclusion affirme que l'antécédent est faux — *(A remotione consequentis ad negationem antecedentis valet consequentia).*

Remarques. Les Anciens usaient beaucoup du dilemme et l'appelaient raisonnement cornu *(cornutus).* Ils savaient acculer un adversaire en énumérant toutes les thèses vers lesquelles il pouvait se tourner et il le réfutait alors sur toutes. Ils lui montraient maintes difficultés en chaque opinion qu'il adoptait — Mais c'est un artifice sophistique que de ne pas réfuter directement les thèses, et de se contenter de montrer les difficultés, ce qui se peut faire en beaucoup de choses pour ne pas dire en la plupart.

Or si nous voulions proclamer faux tout de suite tout ce en quoi nous trouvons des difficultés, c'est un jeu facile que de tout rejeter. — A vrai dire il est bon de montrer l'impossibilité du contraire ; mais il y a quelque chose de trompeur à tenir l'*inintelligibilité* du contraire pour son *impossibilité.* Les dilemmes ne vont pas sans être fort captieux, lors même qu'ils concluent légitimement. Ils peuvent être utilisés pour défendre des thèses vraies, mais aussi pour attaquer des thèses vraies, au moyen de difficultés qu'on suscite contre elles.

§ 80. *Syllogismes formels et syllogismes cachés* (ratiocinia formalia et cryptica).

Un syllogisme formel est un raisonnement qui non seulement contient tout ce qui est requis dans sa matière, mais qui est de plus correctement et intégralement exprimé dans sa forme — Aux syllogismes formels s'opposent les syllogismes *cachés (cryptica),* au nombre desquels on peut compter ceux dont les prémisses sont transposées, ou dont l'une des prémisses est omise, ou enfin dont seul le moyen terme est lié à la conclusion. — Un syllogisme caché de la deuxième espèce dont l'une des prémisses n'est pas exprimée, mais seulement sous-entendue s'appelle syllogisme *tronqué* ou *enthymème.* Ceux de la troisième espèce sont dits syllogismes *contractés* <zusammengezogene>.

III. *Raisonnements de la faculté de juger*

§ 81. *Faculté de juger déterminante et réfléchissante.*

La faculté de juger est double : déterminante ou réfléchissante [86]. La première va de l'*universel* au *particulier* ; la seconde, du *particulier* à l'*universel*. La seconde n'a qu'une validité *subjective* ; car l'universel auquel elle s'achemine en partant du particulier, n'est qu'une universalité *empirique* ; un simple analogue *(analogon)* de l'universalité *logique*.

§ 82. *Raisonnements de la faculté de juger réfléchissante.*

Les raisonnements de la faculté de juger consistent en certaines façons de raisonner qui permettent de parvenir à des concepts universels en partant de concepts particuliers. Ce ne sont donc pas des fonctions de la faculté de juger *déterminante*, mais de la faculté de juger *réfléchissante ;* donc ils ne déterminent pas non plus l'*objet*, mais seulement la façon de réfléchir sur l'*objet* pour parvenir à sa connaissance.

§ 83. *Principe de ces raisonnements.*

Le principe qui sert de fondement à la faculté de juger est le suivant : *une pluralité ne peut s'accorder en unité sans un principe commun ;* ce qui convient en cette façon à la pluralité provient nécessairement d'un principe commun.

Remarque. Les raisonnements de la faculté de juger étant fondés sur un tel principe, ne peuvent de ce fait être tenus pour des raisonnements immédiats.

§ 84. *Induction et analogie, les deux espèces de raisonnement de la faculté de juger.*

La faculté de juger, puisqu'elle procède du particulier à
l'universel, pour tirer de l'expérience, donc pas *a priori*
(empiriquement), des jugements universels, conclut soit de
plusieurs choses d'une espèce à *toutes*, soit de *plusieurs*
déterminations et propriétés en quoi des choses d'une espèce
s'accordent, aux *autres* en *tant qu'elles relèvent du même
principe.* La première espèce de raisonnement s'appelle le
raisonnement par *induction*, la seconde, le raisonnement par
analogie [87].

Remarques. 1) L'*induction* conclut du particulier à l'universel *(a particulari ad universale)* selon le principe de
*généralisation : ce qui convient à plusieurs choses convient
aussi aux autres choses du même genre.* — L'*analogie* conclut
de la ressemblance *particulière* entre deux choses à la
ressemblance *totale*, selon le principe de *spécification* : des
choses d'un genre entre lesquelles nous connaissons beaucoup
de points d'accord, s'accordent aussi sur les autres points
que nous connaissons chez quelques individus de ce genre,
mais que nous ne percevons pas chez les autres. — L'induction
étend le donné empirique du particulier au général relativement à *plusieurs objets ;* l'analogie étend les *propriétés
données* d'une chose à un plus grand nombre de propriétés
de *cette même chose.* — *Un en plusieurs*, donc en tous :
induction ; plusieurs en un (qui sont également en un autre),
donc également le reste dans le même : *analogie.* C'est ainsi
par exemple que l'argument en faveur de l'immortalité,
tiré du développement complet des dispositions naturelles en
chaque créature, est un raisonnement par analogie.

Dans le raisonnement par analogie on ne va pas cependant pas jusqu'à exiger l'*identité du principe (par ratio).* Par
analogie nous concluons seulement que la lune est habitée
par des êtres raisonnables, non par des hommes. Par analogie

on ne peut non plus conclure au delà du *tertium compara-tionis*.

2) Tout raisonnement de la raison doit produire la nécessité. Aussi l'*induction* et l'*analogie* ne sont-ils pas des raisonnements de la raison, mais seulement des *présomptions* logiques ou encore des raisonnements empiriques ; et par l'induction on parvient à des suppositions qui sont bien générales, mais pas universelles.

3) Les raisonnements de la faculté de juger sont utiles et indispensables à l'extension de notre connaissance expérimentale. Mais comme ils ne donnent qu'une certitude empirique, nous devons nous en servir avec circonspection et prudence.

§ 85. *Syllogismes simples et composés.*

Un syllogisme est dit *simple* lorsqu'il est constitué d'un seul raisonnement ; il est dit *composé* lorsqu'il est constitué de plusieurs raisonnements.

§ 86. *Ratiocinatio polysyllogistica.*

Un syllogisme composé dans lequel les multiples raisonnements ne sont pas liés entre eux par simple coordination, mais par *subordination,* c'est-à-dire comme principes et conséquences, s'appelle une chaîne de syllogismes *(ratiocinatio plysyllogistica).*

§ 87. *Prosyllogismes et épisyllogismes.*

Dans la série de raisonnements composés il y a deux façons possibles de conclure : soit de principes à conséquences, soit de conséquences à principes. Le premier se produit par *épisyllogismes,* le second par *prosyllogismes.* C'est dire qu'un épisyllogisme est, dans la série des raisonnements, ce raisonnement dont la prémisse devient la conclusion d'un prosyllogisme — donc d'un raisonnement qui a la prémisse du premier pour conclusion [88].

§ 88. *Sorite ou raisonnement en chaîne.*

Un raisonnement formé de plusieurs raisonnements abrégés et liés entre eux en vue d'une conclusion, s'appelle un *sorite* ou raisonnement en chaîne ; il peut être *progressif* ou *régressif* selon qu'on monte des principes plus proches aux plus éloignés ou qu'on descend des plus éloignés aux plus proches.

§ 89. *Sorites catégoriques et hypothétiques.*

Les raisonnements en chaîne aussi bien progressifs que régressifs peuvent en outre être *catégoriques* ou *hypothétiques*. Les premiers se composent de propositions catégoriques comme d'une série de prédicats ; les seconds de propositions hypothétiques comme d'une série de conséquences.

§ 90. *Raisonnement trompeur,—paralogisme,—sophisme.*

Un raisonnement de la raison qui est faux selon la forme, bien qu'il ait pour lui l'apparence d'un raisonnement correct s'appelle un raisonnement trompeur (Trugschluss — *fallacia*) —Un tel raisonnement est un *paralogisme* si on s'y laisse prendre soi-même, un *sophisme* si on cherche à s'en servir pour tromper autrui [89].

Remarque. Les anciens cultivaient beaucoup l'art de faire de tels sophismes — par exemple le *sophisma figurae dictionis,* où le moyen terme est pris en des sens différents [90] ; *fallacia a dicto secundum quid ad dictum simpliciter ; sophisma heterozeteseos, elenchi, ignorationis* etc.

§ 91. *Saut dans le raisonnement.*

Un saut *(saltus)* dans le raisonnement où la preuve consiste à lier une prémisse avec la conclusion en omettant l'autre prémisse — Un tel saut est *légitime (legitimus)* si chacun peut suppléer aisément la prémisse qui manque ; mais illégitime *(illegitimus)* si la subsomption n'est pas claire — En ce cas on lie un caractère éloigné avec une chose sans caractère intermédiaire *(nota intermedia)*.

§ 92. *Petitio principii — Circulus in probando.*

Par *petitio principii* on entend l'admission d'une proposition comme principe de preuve à titre de proposition immédiatement certaine, bien qu'elle ait encore besoin d'une preuve. — Et l'on commet un *cercle dans la preuve* si l'on pose comme principe de sa *propre* preuve la proposition même qu'on se proposait de prouver.

Remarque. Le cercle dans la preuve est souvent malaisé à découvrir ; et d'ordinaire justement cette faute est le plus fréquemment commise lorsque les preuves sont difficiles.

§ 93. *Probatio plus et minus probans.*

Une preuve peut prouver *trop*, mais également *trop peu*. En ce dernier cas, elle ne prouve qu'une partie de ce qu'elle devrait prouver ; dans le premier cas, elle va jusqu'à prouver ce qui est faux.

Remarque. Une preuve qui prouve trop peu, peut être vraie et n'est donc pas à rejeter. Mais si elle prouve trop, elle prouve plus que ce qui est vrai et par conséquent c'est faux. Ainsi par exemple la preuve contre le suicide, selon laquelle celui qui ne s'est pas donné la vie ne saurait non plus se l'ôter, prouve trop ; car selon ce principe nous ne devrions non plus tuer aucun animal. Elle est donc fausse.

II

MÉTHODOLOGIE GÉNÉRALE

§ 94. *Manière et méthode.*

Toute connaissance et un tout de connaissance doit être conforme à une règle (l'absence de règle ne fait qu'un avec l'absence de rationalité) — Mais cette règle est soit celle de la *manière* (libre) soit celle de la *méthode* (contrainte) [91].

§ 95. *Forme de la science — Méthode.*

La connaissance, pour être science, doit être organisée selon une méthode. Car la science est un tout de connaissance sous forme de système et non simplement sous forme d'agrégat. Elle requiert donc une connaissance systématique, donc constituée selon des règles réfléchies.

§ 96. *Méthodologie. Son objet et son but.*

De même que la doctrine des éléments en logique a pour contenu les éléments et les conditions de la perfection d'une connaissance, de même la méthodologie générale, seconde partie de la logique, doit de son côté traiter de la forme d'une science en général ou de la façon de lier le divers de la connaissance en une science.

§ 97. *Moyen d'atteindre la perfection logique de la connaissance.*

La méthodologie doit traiter de la façon de parvenir à la perfection de la connaissance. Or une des perfections logiques essentielles de la connaissance consiste dans son caractère distinct, fondé et systématiquement ordonné qui en fait le tout d'une science. La méthodologie devra donc principalement indiquer le moyen de procurer ces perfections à la connaissance.

§ 98. *Conditions de la distinction de la connaissance.*

La distinction des connaissances et de leur liaison en un tout systématique dépend de la distinction des concepts tant au point de vue de ce qui est contenu *en* eux qu'au regard de ce qui est contenu *sous* eux.

La conscience distincte du *contenu* des concepts s'obtiendra par leur *exposition* et par leur *définition* ; tandis que la conscience claire de leur *extension* s'obtiendra par leur *division logique.* Nous traiterons donc d'abord du moyen d'obtenir la distinction des concepts *au point de vue de leur contenu.*

I. *Promotion de la perfection logique de la connaissance par la définition, l'exposition et la description des concepts*

§ 99. *Définition.*

Une définition [92] est un concept suffisamment distinct et précis *(conceptus rei adaequatus in minimis terminis, complete determinatus).*

Remarque. La définition ne doit être considérée que comme un concept logiquement parfait ; car on y trouve réunies les deux perfections les plus essentielles d'un concept : la distinction, la perfection et précision dans la distinction (quantité de la distinction).

§ 100. *Définition analytique et synthétique.*

Toutes les définitions sont soit analytiques, soit synthétiques. Les premières sont des définitions d'un concept *donné* ; les secondes des définitions d'un concept *factice.*

§ 101. *Concepts donnés et factices* a priori *et* a posteriori.

Les concepts donnés d'une définition analytique sont donnés soit *a priori* soit *a posteriori ;* de même que les concepts factices d'une définition synthétique sont formés soit *a priori* soit *a posteriori.*

§ 102. *Définitions synthétiques par exposition ou par construction* [93].

La synthèse des concepts factices, dont résultent les définitions synthétiques, est soit la synthèse de l'*exposition* (des phénomènes) soit la synthèse de la *construction.* Cette dernière est la synthèse des concepts *arbitrairement* formés, la première est la synthèse des concepts formés empiriquement, c'est-à-dire à partir des phénomènes donnés qui en sont la matière *(conceptus factitii vel a priori vel per synthesin empiricam)* — Les concepts *mathématiques* sont des concepts arbitrairement formés.

Remarque. Toutes les définitions des concepts mathématiques et même des concepts d'expérience — si tant est d'ailleurs que des définitions soient partout possibles dans le domaine des concepts empiriques — doivent donc être formées synthétiquement. Car même dans les concepts de cette dernière espèce, tels que les concepts empiriques d'eau, de feu, d'air etc... je ne dois pas décomposer ce qu'ils *contiennent,* mais je dois savoir apprendre par expérience ce qui leur *appartient.* Donc tous les concepts empiriques doivent être considérés comme des concepts factices dont la synthèse n'est pas arbitraire, mais empirique.

§ 103. *Impossibilité des définitions empiriquement synthétiques.*

Puisque la synthèse des concepts empiriques n'est pas arbitraire, mais empirique, et qu'à ce titre elle ne peut jamais être complète (puisqu'on peut toujours découvrir dans l'expérience de nouveaux caractères du concept), il s'en suit que les concepts empiriques ne peuvent pas non plus être définis [94].

Remarque. Il n'y a donc que les concepts arbitraires qui peuvent être définis synthétiquement. De telles définitions de concepts arbitraires qui sont non seulement toujours possibles, mais même nécessaires et qui doivent précéder tout ce qu'on dira grâce à un concept arbitraire, on pourrait aussi les nommer : *déclarations,* dans la mesure où on s'en sert pour déclarer ses pensées ou rendre compte de ce qu'on entend par un mot. Tel est le cas chez les *mathématiciens.*

§ 104. *Définitions analytiques par décomposition de concepts donnés a priori ou a posteriori.*

Tous les concepts *donnés*, qu'ils soient donnés *a priori* ou *a posteriori*, ne peuvent être définis que par *analyse.* Car on ne peut rendre distincts des concepts donnés qu'en rendant successivement clairs leurs caractères. Si *tous* les caractères d'un concept donné sont rendus clairs, le concept sera *tout à fait* distinct ; si de plus elle ne contient pas trop de caractères, elle est en même temps précise et il en sort une définition du concept.

Remarque. Comme on ne peut être certain par aucune preuve d'avoir épuisé par une analyse complète tous les caractères d'un concept donné, il faut tenir pour incertaines toutes les définitions analytiques.

§ 105. *Expositions et descriptions.*

Donc il n'est pas *possible* de définir tous les concepts ; bien plus, il ne *faut* même pas les définir tous.

Il y a des formes approximatives de définition pour certains concepts : ce sont d'une part les *expositions (expositiones)*, d'autre part les *descriptions (descriptiones).* L'*exposition* d'un concept consiste dans la représentation ordonnée (successive) de ses caractères, aussi loin que l'analyse permet de les découvrir.

La *description* est l'exposition d'un concept, dans la mesure où elle n'est pas précise.

Remarques. 1) Nous pouvons exposer soit un *concept*, soit l'*expérience*. Dans le premier cas par analyse, dans le second par synthèse.

2) L'exposition ne convient donc qu'aux concepts *donnés* ; elle permet de les rendre distincts ; elle se distingue par là de la *déclaration* qui est une représentation distincte de concepts *factices*.

Comme il n'est pas toujours possible de rendre l'analyse complète, et comme en général une décomposition est nécessairement incomplète avant d'être complète, une exposition même incomplète est, à titre de partie d'une définition, une présentation <Darstellung> vraie et utile d'un concept. La définition demeure toujours en ce cas uniquement l'Idée d'une perfection logique, que nous devons chercher à atteindre.

3) La description ne convient qu'aux concepts empiriques donnés. Elle n'a pas de règles déterminées et ne contient que les matériaux pour la définition.

§ 106. *Définitions nominales et définitions réelles.*

Par *explications des noms* <Namen — Erklärungen> ou *définitions nominales* il faut entendre celles qui renferment là signification qu'on a voulu donner arbitrairement à un certain nom, et qui se contentent par conséquent d'indiquer l'être logique de leur objet, ou qui servent simplement à le distinguer d'autres objets. — Les *explications de choses* <Sach — Erklärungen> ou *définitions réelles* au contraire sont celles qui suffisent à la connaissance de l'objet selon ses déterminations internes puisqu'elles exposent la possibilité de l'objet à partir de ses caractères internes.

Remarques. 1) Si un concept est intrinsèquement suffisant pour distinguer la chose il l'est aussi à coup sûr extrinsèquement ; mais s'il n'est pas suffisant intrinsèquement, il peut néanmoins, simplement d'un *certain point de vue* être extrinsèquement suffisant, à savoir dans la comparaison du défini avec autre chose. Mais la suffisance extrinsèque *sans restriction* n'est pas possible sans la suffisance intrinsèque.

2) Les objets d'expérience permettent de simples définitions nominales. Les définitions nominales logiques de concepts d'entendement donnés sont tirées d'un attribut ; au contraire les définitions réelles sont tirées de l'essence de la chose, du premier principe de la possibilité. Ces dernières contiennent donc ce qui convient toujours à la chose, son essence réelle. Des définitions simplement *négatives* ne peuvent non plus s'appeler définitions réelles, car si des caractères négatifs peuvent servir à distinguer une chose d'une autre tout aussi bien que des caractères affirmatifs, ils ne peuvent cependant servir à la connaissance de la chose selon sa possibilité interne.

En matière de morale, il faut toujours chercher les définitions réelles ; — tout notre effort doit y tendre. Il y a des définitions réelles en mathématiques, car la définition d'un concept arbitraire est toujours *réelle*.

3) Une définition est *génétique* si elle donne un concept grâce auquel l'objet peut être exposé *a priori in concreto* ; telles sont toutes les définitions mathématiques.

§ 107. *Exigences principales de la définition.*

Les exigences essentielles et universelles requises pour la perfection d'une définition en général peuvent être traitées sous les quatre moments principaux de la quantité, de la qualité, de la relation et de la modalité.

1) selon la *quantité* — en ce qui concerne la sphère de

la définition — la définition et le défini doivent être des concepts *réciproques (conceptus reciproci)* et par conséquent la définition ne doit être ni plus large, ni plus étroite que son défini ;

2) selon la *qualité,* la définition doit être un concept *détaillé* et en même temps *précis ;*

3) selon la *relation,* elle ne doit pas être *tautologique,* c'est-à-dire que les caractères du défini doivent être différents de lui-même, puisqu'ils sont les *principes de sa connaissance ;*

4) enfin selon la *modalité,* les caractères doivent être *nécessaires* et par conséquent ne pas être du genre de ceux que procure l'expérience.

Remarque. La condition que le concept de genre et le concept de différence spécifique *(genus* et *differentia specifica)* doivent constituer la définition ne vaut qu'en ce qui concerne les définitions nominales dans la *comparaison ;* mais elle ne vaut pas pour les définitions réelles dans la *dérivation.*

§ 108. *Règles pour la mise à l'épreuve des définitions.*

Dans la mise à l'épreuve des définitions, il faut se livrer à quatre opérations ; chercher si la définition

1) considérée comme proposition est *vraie ;*

2) considérée comme concept est *distincte ;*

3) considérée comme concept distinct est en outre *détaillée ;*

4) enfin comme concept détaillé, si elle est en même temps *déterminée,* c'est-à-dire adéquate à la chose-même.

§ 109. *Règles pour l'élaboration des définitions.*

Ces mêmes opérations auxquelles il faut se livrer pour mettre à l'épreuve les définitions, il faut également les pratiquer pour élaborer celles-ci. — A cette fin, on cherche donc

1) des propositions vraies 2) telles que le prédicat ne présuppose pas le concept de la chose 3) on en rassemblera plusieurs et on les comparera au concept de la chose-même pour voir celle qui est adéquate 4) enfin on veillera à ce qu'un caractère ne se trouve pas compris dans l'autre ou ne lui soit pas subordonné.

Remarques. 1) Ces règles valent, il n'est pas besoin de le rappeler, uniquement pour les définitions analytiques. — Or comme on ne peut jamais être certain que l'analyse a été complète, on ne doit poser la définition qu'à titre d'essai et n'en user que comme si elle n'était pas une définition. Sous cette réserve, on peut s'en servir comme d'un concept distinct et vrai et tirer les corollaires de ses caractères. Ainsi je pourrai dire : à ce à quoi le concept du défini convient, la définition convient aussi ; mais assurément la réciproque n'est pas vraie puisque la définition n'épuise pas le défini.

2) Se servir du concept du défini dans l'explication ou donner à la définition le défini pour fondement, cela s'appelle : commettre un *cercle* dans la définition *(circulus in definiendo).*

II. *Promotion de la perfection de la connaissance par la division logique des concepts*

§ 110. *Concept de division logique.*

Tout concept comprend *sous* lui une multiplicité en tant qu'elle s'accorde ; mais aussi en tant qu'elle est diverse — La détermination d'un concept au point de vue de tout possible compris sous lui, dans la mesure où ce possible est opposé à un autre, c'est-à-dire en diffère, s'appelle la *division logique du concept.* Le concept supérieur se nomme le *concept divisé (divisum)* et les concepts inférieurs les *membres de la division (membra dividentia)*.

Remarques. 1) *Partager* un concept <theilen> et le *diviser* <eintheilen> sont donc deux choses différentes. En partageant le concept je découvre ce qui est contenu *en* lui (par analyse) ; en le divisant je considère ce qui est compris *sous* lui. En ce cas je divise la sphère du concept, non le concept lui-même. Il s'en faut donc de beaucoup que la division soit un partage du concept ; ainsi les membres de la division contiennent au contraire plus en eux que le concept divisé.

2) Au moyen de la division, nous montons des concepts inférieurs aux concepts supérieurs et ensuite nous pouvons redescendre de ces derniers aux concepts inférieurs.

§ 111. *Règles générales de la division logique.*

Dans toute division d'un concept il faut veiller

1) à ce que les membres de la division s'excluent ou soient opposés entre eux,

2) à ce qu'ils relèvent d'un concept supérieur *(conceptum communem)*,

3) à ce que, pris tous ensemble ils constituent la sphère du concept divisé ou qu'ils lui soient équivalents.

Remarque. Les membres de la division doivent être séparés les uns des autres par opposition *contradictoire*, et non par une simple contrariété *(contrarium)*.

§ 112. *Co-division et subdivision.*

Des divisions différentes d'un concept, qui sont faites à des points de vue différents, s'appellent *co-divisions* et la division des membres de la division se nomme *subdivision* *(subdivisio)*.

Remarques. 1) La subdivision peut être indéfiniment poursuivie ; mais finalement elle peut être comparativement finie. La co-division également va à l'infini, spécialement dans les concepts d'expérience, car qui peut épuiser toutes les relations des concepts ?

2) On peut aussi appeler la co-division une division selon la différence des concepts des mêmes objets (points de vue) et la subdivision une division des points de vue eux-mêmes.

§ 113. *Dichotomie et polytomie.*

Une division en deux membres s'appelle *dichotomie* ; si elle en comporte plus de deux, elle se nomme *polytomie.*

Remarques. 1) Toute polytomie est empirique ; la dichotomie est la seule division à partir de principes *a priori,* donc la seule division primitive. Car les membres de la division doivent être opposés entre eux et tout A n'a pas d'autre contraire que non-A.

2) La polytomie ne peut être enseignée en logique, car la *connaissance de l'objet* en fait partie. Mais la dichotomie n'exige que le *principe de contradiction,* sans qu'il soit besoin de connaître quant au contenu le concept qu'on veut diviser. La polytomie requiert l'*intuition,* soit *a priori,* comme en mathématiques (par exemple la division des sections coniques), soit empirique, comme dans la description de la nature. Pourtant la division à partir du *principe de la synthèse a priori* comporte *trichotomie,* à savoir 1) le concept, comme condition, 2) le conditionné, 3) la dérivation du conditionné à partir de la condition [95].

§ 114. *Différentes divisions de la méthode.*

En ce qui concerne spécialement encore la méthode elle-même dans l'élaboration et le traitement des connaissances scientifiques, on en distingue plusieurs espèces principales que nous pouvons indiquer ici selon la division que voici :

§ 115. 1. *Méthode scientifique ou populaire.*

La méthode *scientifique ou scolastique* se distingue de la méthode *populaire*, en ce que celle-là part de propositions *fondamentales* et *élémentaires*, celle-ci au contraire de propositions *familières* et *intéressantes*. La première vise au *fondamental* <Gründlichkeit> et par suite écarte ce qui est étranger ; la seconde a en vue la *conversation* <Unterhaltung>.

Remarque. Ces deux méthodes se distinguent donc *en espèce* et non simplement d'après la présentation ; et par suite la popularité dans la méthode est autre chose que la popularité dans la présentation.

§ 116. 2. *Méthode systématique ou fragmentaire.*

La méthode systématique[96] est opposée à la méthode *fragmentaire* ou *rhapsodique*. — Quand on a pensé selon une méthode, qu'ensuite cette méthode s'est également exprimée dans la présentation, et que le passage d'une proposition à l'autre est distinctement indiqué, alors on a traité une connaissance systématiquement. Si au contraire après avoir pensé selon une méthode, on ne dispose pas méthodiquement la présentation, une telle méthode sera dite *rhapsodique*.

Remarque. La présentation *systématique* est opposée à la présentation *fragmentaire*, au même titre que la présentation *méthodique* est opposée à la présentation *chaotique*. Celui qui pense méthodiquement peut donc présenter sa pensée de façon systématique ou de façon fragmentaire. La présentation extérieurement fragmentaire, mais en elle-même méthodique est dite *aphoristique*.

§ 117. 3. *Méthode analytique ou synthétique.*

La méthode *analytique* est opposée à la méthode *synthétique*. L'une part du conditionné et du fondé et remonte aux principes *(a principiatis ad principia)*, l'autre au contraire va des principes aux conséquences ou du simple au composé. On pourrait encore nommer la première *régressive*, la seconde *progressive*.

Remarque. La méthode analytique est encore appelée méthode de l'*invention*. La méthode analytique est plus appropriée à une fin de popularité, mais la méthode synthétique convient mieux à l'élaboration scientifique et systématique de la connaissance.

§ 118. 4. *Méthode syllogistique — méthode tabulaire.*

La méthode *syllogistique* est celle qui consiste à présenter une science sous forme d'une chaîne de raisonnements.

On appelle *tabulaire* la méthode qui consiste à présenter un édifice scientifique déjà constitué dans toute sa construction d'ensemble.

§ 119. 5. *Méthode acroamatique ou érotématique.*

La méthode est acroamatique lorsque quelqu'un se contente d'enseigner ; elle est *érotématique* si en outre il questionne. Cette dernière méthode peut à son tour se diviser en *dialogique* ou *socratique* et en *catéchétique*, selon que les questions s'adressent à l'*entendement*, ou simplement à la *mémoire*.

Remarque. On ne peut enseigner selon la méthode érotématique que par le *dialogue socratique*, où les deux interlocuteurs doivent s'interroger et se répondre mutuellement, en sorte qu'il semble que le disciple aussi soit lui-même maître. Le *dialogue* socratique enseigne donc par questions, puisqu'il apprend au disciple à connaître les principes de sa propre raison et l'incite à y prendre garde. Mais par la *cathéchèse* commune on ne peut pas enseigner, on peut seulement questionner sur ce qui a été appris de façon acroamatique. Par suite alors que la méthode catéchétique ne vaut que pour les connaissances empiriques et historiques, la méthode dialogique vaut uniquement pour les connaissances rationnelles.

§ 120. *Méditer.*

Par méditer, il faut entendre réfléchir <Nachdenken> ou *penser méthodiquement.* La méditation doit accompagner toute lecture et toute instruction ; cela exige qu'on *commence* par des recherches préliminaires et qu'on *poursuive* en conduisant par ordre ses pensées, ou en les liant suivant une méthode.

NOTES

Le tome XVI de l'édition de l'Académie de Berlin contient les notes manuscrites trouvées dans les papiers de Kant après sa mort (Handscriftlicher Nachlass) qui se rapportent au traité de Logique de Meier, dont le texte est reproduit en bas de page. Le tome XXIV (deux volumes publiés en 1966) contient les notes prises au cours de Logique de Kant par divers auditeurs entre les années 1770 et 1790 environ : 1. Herder, Blomberg, Philippi (1772) - 2. Pölitz (1789), Busolt (1790), Dohna-Wundlacken (1792), Wiener Logik.

« La Logique de Kant en son entier est dominée par la philosophie critique » remarque J. Vuillemin dans un article des Kantstudien, Bd 52, Heft 3, 1960-1961, p. 310-335 : Reflexionen über Kants Logik - Sur les rapports entre la logique formelle et la Logique transcendantale de Kant, consulter : M. Steckelmacher - Die formale Logik Kants in ihren Beziehungen zur transcendantalen (1879). Les notes qui suivent se proposent avant tout de rendre plus aisés les rapprochements avec les autres œuvres de Kant.

1. *Règle* et *loi,* K.R.V., A 113 ; dans la traduction Tremesaygues et Pacaud, 4ᵉ édition, revue et corrigée, P.U.F., 1965, p. 127-128. « La représentation d'une condition universelle selon laquelle un certain divers *peut* être posée (par conséquent de manière identique) s'appelle une *règle,* et s'il *doit* être ainsi posée, elle se nomme une *loi.* Tous les phénomènes se trouvent donc en complète connexion selon des lois nécessaires ». « La règle est le rapport d'un concept à tout ce qui est contenu sous lui (c'est-à-dire ce par quoi il est déterminé). La loi est la règle selon laquelle l'existence des choses est déterminable » (Lose Blatt F 3). Voir également Kritik der Urteilskraft (K.U.), Introd. V (dans la traduction Philonenko, éd. Vrin, p. 30-32).

2. *Logique naturelle* - « *Logica naturalis,* c'est la connaissance des règles de l'entendement *in concreto ; Logica artificialis, in abstracto.* Donc pour nous, c'est toujours uniquement la *Logica artificialis* que

désigne la Logique » (Ak., XXIX, p. 791). Comparer : Leibniz, *Nouveaux essais sur l'entendement humain*, I, 1-2 (éd. Gerhardt, V, p. 69, 70, 82, 83) : « Les instincts aussi ne sont pas toujours de pratique ; il y en a qui contiennent des vérités de théorie et tels sont les principes internes des sciences et des raisonnements, lorsque sans en connaître la raison, nous les employons par un instinct naturel... Tout le monde emploie les règles des conséquences par une logique naturelle sans s'en apercevoir... Les principes généraux entrent dans nos pensées dont ils font l'âme et la liaison. Ils y sont nécessaires comme les muscles et les tendons le sont pour marcher, quoiqu'on n'y pense point... Il faut une grande attention pour les démêler et... la plupart des gens peu accoutumés à méditer n'en ont guère ».

3. *L'entendement*, faculté de penser les règles en général - « c'est là son caractère le plus fécond et le plus proche de son essence ». K.R.V.A., 126, p. 141. Cavaillès (Sur la Logique et la théorie de la science, p. 1) cite ce début de la Logique en remarquant que, malgré le souci manifesté (p. 12) par Kant de ne pas recourir à la psychologie, il « rappelle fâcheusement celui d'Arnauld ». En effet, « la Logique ne peut être définie que postérieurement à la position des facultés, bien qu'elle prétende les diriger » (p. 1). Kant paraît avoir aperçu la difficulté dans un de ses cours (Wiener Logik - Ak., XXIV, p. 790), sous un de ses aspects au moins : « L'entendement est le pouvoir même des règles, et seul l'entendement peut mettre ces règles à l'épreuve <prüfen>. Selon quelles règles le fait-il ? La raison pour laquelle c'est difficile à trouver, c'est que, lorsque lui-même se trompe, on ne peut invoquer la rectitude des règles selon lesquelles il procède ». La suite du cours, comme celle du texte de la *Logique* (p. 10-11) montre que Kant croit trouver la solution dans la disjonction de la *forme* et de la *matière*, comme l'a parfaitement discerné Cavaillès : « Le problème de la méthode - ou de la règle - est ici résolu par le recours à la notion de forme. C'est parce que l'auto-connaissance de l'entendement et de la raison ont lieu « suivant la forme » qu'elles sont possibles - en tant que portant sur un absolu dont la forme détache leurs résultats - et qu'elles engendrent une nécessité » (*op. cit.*, p. 3). De cette difficulté on rapprochera celle que l'on peut trouver à définir la Critique à la fois comme *science* (des limites de la raison) et comme *tribunal* (où elle se cite à comparaître) : « une invitation faite à la raison d'entreprendre à nouveau la plus difficile de toutes ses tâches, celle de la *connaissance* de soi-même, et d'instituer un *tribunal* qui la garantisse dans ses prétentions légitimes » (K.R.V., A XI, p. 7).

4. *Organon, canon, catharticon*, K.R.V., A II et B 24, Introd. VII p. 46 ; A 53, p. 78 ; A 796, p. 538.

5. *Doctrine distinguée de critique*, K.R.V., A II, B 25, p. 46 ; K.U., Einleitung, III, p. 25 - Wiener Logik, Ak.. XXIV, p. 793 : « La Logique est une science démontrée. Une science qui peut être enseignée à partir de principes *a priori* se nomme *Doctrina* ; donc la logique également. Quand la règle du jugement en précède l'exercice, il s'agit de doctrine ; si l'exercice précède, de critique. Car sitôt que j'ai la règle d'expérience, je puis également la juger. Or nous demandons : la Logique est-elle une doctrine ou une critique ? Puisqu'elle doit être une pierre de touche et qu'elle doit précéder notre entendement, c'est une doctrine. L'appréciation critique suppose toujours une doctrine. La Logique n'est donc pas une critique. Mais elle est à son service ». On remarquera que la *Critique* (de la raison pure) comporte une *Logique* (transcendantale) qui procure une *Doctrine* (transcendantale de la faculté de juger).

6. *L'universalité subjective* du jugement de goût, K.U., § 7, 17, 19 ; 22, 34 etc. « Le sens commun, au jugement duquel mon jugement de goût sert d'exemple en lui attribuant de ce fait une valeur *exemplaire* est une simple norme idéale ; en la présupposant on pourrait à bon droit faire une règle pour chacun d'un jugement qui s'accorderait avec elle ainsi que de la satisfaction que ce jugement déclare être prise à l'objet ; c'est que le principe à vrai dire uniquement subjectif mais admis comme subjectivement universel (comme une Idée nécessaire à chacun) pourrait exiger, touchant l'unanimité des divers sujets qui jugent, tout comme un principe objectif, l'assentiment universel, à la seule condition qu'on soit certain d'avoir correctement subsumé sous ce principe » (§ 22).

7. *Baumgarten* (1714-1762), publia en 1735 des *Meditationes de nonnullis ad poema pertinentibus*, en 1750 la première partie de l'*Aesthetica*, en 1758 la seconde - Meier, dont Kant prenait le traité de Logique comme manuel, fut un de ceux qui contribuèrent le plus à le faire connaître - Kant dans son enseignement se servait de sa Métaphysique comme manuel. Il lui consacra une note très importante en définissant l'Esthétique transcendantale (§ I, K.R.V., A 21, B 35, p. 54) - *Home : Elements of criticism* (1762), traduits en allemand en 1763-1766, en trois volumes, sous le titre Grundsätze der *Kritik*.

8. Logique *générale* et logique *transcendantale*, K.R.V., A 50-57, p. 76-80.

9. Nous suivons la leçon de l'édition de l'Académie, qui est celle

du texte original et qui s'accorde avec l'affirmation deux fois répétée
à la page 13 (4°) : « Science rationnelle selon la forme et la matière »,
et nous écartons la correction proposée par les éditions Hartenstein
et Cassirer.

10. *Analytique* et *Dialectique*, K.R.V., A 57 sq., 64-65, 293, p. 80, 86,
251. Wiener Logik - Ak., XXIV, p. 794 : « L'Analytique est un simple
canon du jugement de l'entendement. La Dialectique est le mauvais
usage de ce canon quand nous en faisons un organon et prétendons
par là connaître la vérité... Nous appelons Dialectique un moyen permettant de connaître que quelque chose est contraire aux lois de l'entendement. Par suite elle n'est qu'un moyen de purification » (voir
également p. 612). Kant refuse de suivre Meier qui reprenait la définition d'Aristote faisant de la Dialectique une logique de la probabilité,
« car celle-ci est un jugement sur la vérité selon des principes corrects
mais insuffisants (cf. Logique, p. 91 sq.) ; or ses principes étant corrects,
c'est de l'Analytique qu'elle relève » (p. 794).

11. Logique *pure* et Logique *appliquée*, K.R.V., A 52-53, p. 77-78.

12. *L'achèvement* de la logique par Aristote est affirmé dans K.R.V.,
Vorrede, B VIII, p. 15 - Sur l'importance de *l'intégralité* <Vollstän-
digkeit> en métaphysique, K.R.V., Vorrede, A XIII, XX, A 13, B XXIII,
p. 7, 10, 21, 47, etc. ; Prolégomènes, trad. Gibelin, Vrin, p. 17, p. 158 ;
id. p. 15 etc.

13. Le *rationnel* et *l'historique*, K.R.V., A 836, p. 560.

14. *Mathématique* et *philosophie*, K.R.V., A 708 sq., p. 493 sq.

15. Concept *scolastique* et concept *cosmique*, K.R.V., A 838-839,
p. 561-562. « Un concept *scolastique* <Schulbegriff>, c'est-à-dire celui
d'un système de la connaissance dont on s'enquiert uniquement au
titre de science, sans avoir d'autre fin que l'unité systématique d'un
tel savoir et par conséquent la perfection *logique* de la connaissance ».
« Mais il y a encore un concept *cosmique (conceptus cosmicus)* qui
n'a jamais cessé de motiver cette dénomination de Philosophie surtout
quand on le personnifiait pour ainsi dire et quand on se le représen-
tait comme archétype dans l'idéal du *Philosophe*. A ce point de vue,
la philosophie est la science du rapport de toute connaissance aux
fins essentielles de la raison humaine *(teleologia rationis humanae)* et
le philosophe n'est pas un artiste de la raison, mais le législateur de
la raison humaine ». « On appelle ici *concept cosmique* <Weltbegriff>
celui qui concerne et qui intéresse nécessairement tout homme ; par
suite, je détermine le but d'une science selon des concepts *scolastiques*
lorsque je ne la considère que comme l'une des aptitudes à poursuivre
des fins arbitraires ».

16. La *dignité* <Würde>... « la *dignité* d'un être raisonnable qui n'obéit à d'autre loi que celle qu'il institue en même temps lui-même - Dans le règne des fins tout a un *prix* ou une *dignité*. Ce qui a un prix peut être aussi bien remplacé par quelque chose d'autre à titre d'équivalent ; au contraire, ce qui est supérieur à tout prix, ce qui par suite n'admet pas d'équivalent, c'est ce qui a une dignité ». - Fondements de la métaphysique des mœurs, trad. Delbos, p. 160. « L'humanité elle-même est une dignité ; car l'homme ne peut être traité par l'homme (ni par un autre, ni non plus par lui-même) comme un simple moyen, mais il faut <muss> qu'il soit toujours traité en même temps comme une fin, et c'est précisément en cela que consiste sa dignité (la personnalité) » - Doctrine de la Vertu, § 38.

17. *L'artiste* et le *législateur* de la raison, K.R.V., A 838-839 (texte cité dans la note 15).

18. Le *philodoxe*, opposé au philosophe par Platon (République, livre V, 480 a), cf. K.R.V., Vorrede, B XXXVII, p. 27.

19. *Cosmopolite* - Kant applique ce terme - au *sentiment :* K.U., § 49, p. 145 - au *tout :* K.U., § 83, p. 242 - au *droit :* Doctrine du droit, § LXII. Projet de paix perpétuelle (1795), 2ᵉ section (au début, en note) et troisième article définitif ; voir également l'opuscule : Idée d'une histoire universelle au point de vue cosmopolitique (1784), trad. Piobetta, Aubier, p. 57.

20. Les *questions* de la philosophie, K.R.V., A 804-805, p. 543.

21. La philosophie *n'existe pas encore*, K.R.V., A 838, p. 561. « La métaphysique... cette science qui n'a presque jamais eu d'autre existence qu'en Idée » Progrès de la métaphysique (début) Ak., XX, 7, p. 259, trad. Guillermit, Vrin, p. 9.

22. La *misologie,* comme celle de philodoxie, notion reprise de Platon, cf. Phédon, 89 d ; Fondements de la métaphysique des mœurs, p. 92. « Celui qui montre de la haine contre toute science et prétend qu'il ne faut priser que la sagesse est appelé misologue... La misologie naît souvent de ce que l'on se sent dépourvu de toute aptitude en ce domaine. Mais on trouve aussi une misologie chez des gens qui ont des connaissances étendues et elle provient dans ce cas de ce que ces connaissances n'ont pu les satisfaire » (Ak. XXIV, p. 802).

23. Sur cette distinction entre l'*obscur* et le *clair*, ainsi que la suivante entre *l'indistinct* et le *distinct*, voir *Anthropologie*, § 5 et 6 : « Avoir des représentations et pourtant n'en être pas conscient constitue, semble-t-il, une contradiction. Comment en effet pourrions-nous savoir que nous les avons si nous n'en sommes pas conscients ? Cette objection, Locke la faisait déjà, qui refusait l'existence même d'une

pareille forme de représentation [voir, par exemple, Essai, livre II, ch. I]. Cependant nous pouvons être immédiatement conscients d'avoir une représentation quand bien même nous n'en sommes pas immédiatement conscients. De pareilles représentations sont dites *obscures* ; les autres sont *claires* ; et si cette clarté s'étend en elles jusqu'aux représentations partielles d'un tout et à leur liaison, ce sont des représentations *distinctes*, qu'elles appartiennent à la pensée ou à l'intuition... La conscience des représentations qui suffit pour *différencier* un objet d'un autre, c'est la clarté. Mais celle qui rend claire la *composition* des représentations, c'est la *distinction*. C'est elle seulement qui fait d'une somme de représentations une *connaissance* ; comme toute composition accompagnée de conscience présuppose l'unité de celle-ci et par conséquent une règle pour cette composition, un ordre se trouve pensé dans cette multiplicité. A la perception *distincte* on ne peut pas opposer la perception *confuse (perceptio confusa)*, mais seulement la perception *indistincte (perceptio clara)*. Ce qui est confus doit être composé, car dans le simple il y a ni ordre ni composition ; cette dernière est donc la *cause* de l'indistinction, mais n'en est pas la *définition* », trad. Foucault, Vrin, p.. 22-25. - Comparer avec Leibniz, *Meditationes* (1684), Discours de métaphysique (§ 24 et 25), Nouveaux Essais, livre II, ch. 29 à 31 et livre III, ch. 3 à 6, p. 35, l. 30-31. - Kant annonce : « Nous montrerons en son lieu qu'il se produit quelque chose avant qu'une représentation devienne concept » ; il faut se reporter à I, § 5, p. 102 sq.

24. Sur la confusion telle que l'entend *Wolf*, K.R.V., § 8, A 44, p. 69.

25. *Intuition* et *concept*, K.R.V., A 19 et 50, p. 53 et 77.

26. *Lois universelles de la sensibilité*, voir d'une part la distinction entre *l'idéalité* des formes de la sensibilité et les *subreptions* des sensations, K.R.V., § 3, A 26, 29, p. 58, 60 ; § 6, A 34-36, p. 64-65 et § 8 A 45-46, p. 69-70 ; d'autre part, la question de *l'universalité esthétique* dans K.U., § 3, 7, 8, etc., et le problème du *sensus communis*, § 20-22, 39-40, etc. (sur ce dernier, voir le texte cité dans la note 6).

27. L'expression « *belles sciences* » (comme on dit : beaux-arts) est inusitée en français. Kant en explique la formation et en critique l'emploi en allemand dans K.U., § 44 (p. 36) : « Une science qui, en tant que telle, devrait être belle est un non-sens. Car alors si on lui demandait, en tant que science, des raisons et des preuves, on n'obtiendrait que des sentences d'un goût exquis (des *bons mots*). Ce qui a fait naître, à n'en pas douter, l'expression courante de *belles sciences*, c'est uniquement que l'on a fort justement remarqué que la perfection des beaux-arts exige beaucoup de science, par exemple la connaissance

des langues anciennes, la connaissance littéraire d'auteurs tenus pour classiques, l'histoire, la connaissance de l'Antiquité, etc. et du fait que ces sciences historiques doivent nécessairement servir de préparation et de fondement aux beaux-arts, du fait aussi que l'on y a inclus la connaissance des produits des beaux-arts (éloquence et poésie), une permutation verbale les a elles-mêmes désignées comme belles-sciences. »

28. *Le génie*, K.U., § 46-50 - c'est « le talent (don naturel) qui donne les règles à l'art... la disposition innée de l'esprit *(ingenium)* par laquelle la nature donne la règle à l'art » - « il faut du goût pour apprécier les objets beaux, il faut du génie pour les produire. »

29. La notion *d'horizon* - « De façon générale un horizon est un cercle qui circonscrit tous les objets que nous pouvons voir. Ici, l'horizon c'est : *congruentia cognitionis cum terminis perfectionis humanae* » (Ak., XXXIV, p. 623) - La critique, « science des limites », permet de donner à cette notion un contenu particulièrement riche, voir K.R.V., A 568, 758 sq., p. 461, p. 518-519.

30. La notion *d'intérêt* est une notion d'importance capitale dans la philosophie de Kant. Principaux textes : Fondements de la métaphysique des mœurs, deux notes, p. 124 et 204 ; K.P.V., trad. Picavet, P.U.F., p. 83 et p. 129 ; K.U., principalement § 2, 41, 42. - 1. Définition générale : « On nomme intérêt la satisfaction que nous lions à la représentation de *l'existence* d'un objet » (K.U., § 2) - « On peut attribuer à chaque pouvoir de l'esprit un intérêt, c'est-à-dire un principe qui contient la condition sous laquelle ce pouvoir seulement est *mis en exercice* » (K.P.V., livre II, ch. 2, sect. III, p. 129). - 2. Mais finalement l'intérêt est essentiel, *a)* à la *raison ; b)* à la raison comme *pratique ; c)* à la raison comme *finie ;* bref, par une double exclusion du cas de l'animal et de celui de Dieu, l'intérêt est le propre de la raison *de l'homme* (on peut remarquer que le même procédé d'exclusion montre que l'espèce *esthétique* de la satisfaction - qui précisément est *désintéressée* - est également le propre de l'homme, cf. K.U., § 5) : « La raison, à titre de faculté des principes, détermine l'intérêt de toutes les facultés de l'esprit, mais elle détermine elle-même le sien. L'intérêt de son *usage spéculatif* consiste dans la connaissance de l'objet poussé jusqu'aux principes *a priori* les plus élevés ; celui de son *usage pratique* consiste dans la détermination de la *volonté* relativement à une fin dernière et complète » (K.P.V., p. 129). Sur ces deux formes de l'intérêt de la raison, voir aussi par exemple K.R.V., A 462 sq., p. 358 sq., spécialement p. 360. « L'intérêt *logique* de la raison (qui est de développer ses connaissances) n'est *jamais immédiat*,

mais il suppose des fins auxquelles se rapporte l'usage de cette faculté »
(F.M.M., p. 204, note). « Un intérêt est ce par quoi la raison devient
pratique, c'est-à-dire devient une cause déterminant la volonté. Voilà
pourquoi c'est seulement d'un *être raisonnable* que l'on dit qu'il prend
intérêt à quelque chose. *Les créatures privées de raison* ne font
qu'éprouver des impulsions sensibles » *(ibid.).* « Du concept d'un
mobile découle celui d'un intérêt qui ne peut jamais être attribué à
un autre être que celui qui est doué de raison et signifie un mobile
de la volonté en tant qu'il est représenté par la raison » (K.P.V.,
livre I, ch. 3, p. 83). « On appelle intérêt la dépendance d'une volonté
qui peut être déterminée de façon contingente à l'égard des principes de la raison. Cet intérêt ne se trouve donc que dans une volonté
dépendante, qui n'est pas d'elle-même toujours en accord avec la raison ; *dans la volonté divine on ne peut pas concevoir d'intérêt* »
(F.M.M., p. 124, note).

31. *L'ignorance*, K.R.V., A 758, p. 518.

32. *Les Humanités*, K.U., § 60, parle de « la culture des facultés de
l'esprit grâce à ces connaissances préliminaires que l'on nomme *humaniora*, sans doute parce que humanité signifie d'une part le sentiment
universel *de sympathie*, d'autre part la faculté de pouvoir se commu-
niquer intimement et universellement, qualités qui lorsqu'elles sont
réunies constituent la sociabilité propre à l'humanité et lui permettent
de se distinguer de la limitation animale » - L'érudit-cyclope, « c'est
l'égoïste de la science et il lui faut encore l'œil qui lui permette de
considérer également son objet au point de vue des autres hommes.
C'est là-dessus que se fonde l'humanité des sciences, c'est-à-dire leur
aptitude à procurer au jugement l'urbanité qui fait qu'on le soumet à
celui des autres » (Ak., XV, p. 395).

33. *Les langues mortes*, langues savantes, K.U., § 17, note. « Les
modèles du goût pour les arts de la parole doivent être pris dans une
langue morte et savante ; dans une langue morte pour ne pas avoir à
subir les changements qui affectent inévitablement les langues vivantes,
rendent plates les expressions nobles, vieilles celles qui sont usuelles, et
ne laissent qu'une courte durée à celles qui sont nouvellement créées ;
dans une langue savante pour qu'elle ait une grammaire qui ne soit
soumise à aucun changement capricieux de la mode et qui conserve
ses règles immuables ». Voir également § 47 - Dans tout ce passage,
Kant met en œuvre un ensemble de notions définies dont voici le
tableau : « 1. L'érudition <Gelehrsamkeit> est l'ensemble de toutes
les connaissances historiques ; 2. La philologie des langues anciennes
est l'ensemble des instruments de l'érudition - Un philologue est *a)* un

« lettré » <Litterator> c'est-à-dire quelqu'un qui a la connaissance historique des écrits anciens ; *b)* un linguiste lorsqu'il possède la connaissance des langues anciennes, et ce, de manière critique ; *c)* un humaniste lorsqu'il s'intéresse à la beauté des écrits anciens ; *d)* un bel esprit <Belletrist> qui forme son goût à partir des écrits modernes » (Ak., XXIV, p. 625).

34. *L'architectonique*, K.R.V., A 832, p. 558 sq. : « J'entends par architectonique l'art des systèmes. Comme l'unité systématique est ce qui convertit la connaissance vulgaire en science, c'est-à-dire fait de son simple agrégat un système, l'architectonique est par conséquent la théorie de ce qu'il y a de scientifique dans notre connaissance en général ».

35. *La vérité*, sa définition nominale traditionnelle, K.R.V., A 57, p. 80 sq. : « La définition nominale de la vérité qui en fait l'accord de la connaissance avec son objet est ici admise et présupposée ; mais on veut savoir quel est l'universel et sûr critère de la vérité de toute connaissance ».

36. *Le principe de contradiction*, c'est le principe suprême de tous les jugements *analytiques*, K.R.V., A 150, p. 157-159 : « La proposition : à nulle chose ne convient un prédicat qui la contredise, s'appelle le principe de contradiction et elle est un critère *universel*, bien que simplement *négatif* de toute vérité ; mais elle n'appartient qu'à la Logique, parce qu'elle ne vaut que pour les connaissances en général, indépendamment de leur contenu et affirme que la contradiction les anéantit et supprime complètement » - On peut relever - comme le fit Mendelssohn dans sa lettre du 25 décembre 1770 - que Kant lui-même, dans *la Dissertation de 1770*, § 14 (5) et § 28, usait de « la formule qui y introduit à tort une synthèse qui l'affecte de la condition de temps » : « A enim et non - A repugnant nisi *simul* (h.e. *tempore eodem*) cogitata de eodem, post se autem (diversis temporibus) eidem competere possunt ».

37. *Le principe de raison suffisante*, K.R.V., A 200-201, p. 189 : « La règle qui sert à déterminer quelque chose selon la succession temporelle est la suivante : la condition sous laquelle l'événement suit toujours (c'est-à-dire de manière nécessaire) est à trouver dans ce qui précède. Le principe de raison suffisante est donc le fondement de l'expérience possible, c'est-à-dire de la connaissance objective des phénomènes au point de vue de leur rapport dans la succession du temps ». Voir également : Réponse à Eberhard (1790), trad. Kempf, Vrin, p. 61, note ; p. 96 ; p. 103.

38. *Apparence et erreur*, K.R.V., A 293, p. 251-252.

39. *S'orienter dans la pensée*, B. Erdmann (Göttingischen Gelehrten Anzeigen, 1880, I, p. 613) relève que cette définition de l'orientation est précisément celle de Mendelssohn que Kant rejette dans l'opuscule de 1876 : « Qu'est-ce que s'orienter dans la pensée ? » trad. Philonenko, Vrin.

40. Les maximes du sens commun, ou règles de méthode pour bien juger, reçoivent une présentation plus détaillée dans le contexte d'une élaboration de la notion de *sensus communis*, dans K.U., § 40.

41. *Caractères coordonnés et subordonnés.* Caractère = Merkmal = Kennzeichen = *nota* =   id est quo diversitas rerum *cognosci* potest (Refl. 2275). Kant se plaît à faire valoir le rapport nota-noscere, Kennzeichen - kennen d'où vient erkennen, cognoscere. Dissertation 1770, section I, § 2, III : « La Forme consiste dans la *coordination* non dans la *subordination* des substances. Est coordonné ce qui réciproquement complémentaire pour former un tout ; *subordonné*, ce qui est comme le causé à la cause ou généralement comme le principe à la conséquence. La première relation est réciproque et *homonyme*, en sorte que n'importe lequel des corrélatifs est à l'autre à la fois comme déterminant et déterminé. La seconde est *hétéronyme*, car d'un côté elle n'est que dépendance, de l'autre causalité ».

42. *L'essentiel et l'extra-essentiel.* Réponse à Eberhard, p. 80-81 : « Un prédicat attribué à un sujet par une proposition *a priori* est affirmé par là comme appartenant nécessairement à celui-ci (comme indissociable du concept de ce sujet). On dit également de ces prédicats qu'ils font partie de l'essence, de la possibilité interne du concept *(ad essentiam, ad internam possibilitatem pertinentia)* ; toutes les propositions ayant une valeur *a priori* doivent en contenir de semblables. Les autres, c'est-à-dire ceux qui sont séparables du concept (sans préjudice pour ce dernier) s'appellent caractères extra-essentiels *(extra-essentialia)*. Les premiers appartiennent donc à l'essence du concept soit comme parties constitutives *(ut constitutiva)*, soit comme y ayant leur raison suffisante et en découlant *(ut rationata)*. Les premiers sont appelés : parties essentielles *(essentialia)*, qui, par suite, ne renferment pas de prédicats susceptibles d'être dérivés d'autres prédicats contenus dans le même concept, et c'est leur ensemble qui constitue l'essence logique *(essentia)* ; les seconds sont appelés : propriétés *(attributa)*. Les caractères extra-essentiels sont, soit internes *(modi)*, soit caractères relationnels *(relationes)* et ne peuvent servir de prédicats dans des propositions *a priori*, parce qu'ils sont séparables du concept du sujet, et qu'ils ne lui sont donc pas liés nécessairement ».

43. *Hiérarchisation de la connaissance* au point de vue de sa valeur

objective. L'intérêt des versions successives de cette hiérarchisation dans les *Leçons* est d'ajouter certaines précisions et d'apporter quelques exemples. Ak., XXIV, p. 539 (Pölitz) : « Premier degré : se représenter quelque chose. Deuxième degré : percevoir *(percipere)* ou se représenter avec conscience. Troisième degré : connaître quelque chose (erkennen-*cognoscere*). Quatrième degré : entendre (verstehen-*intelligere*), connaître quelque chose par l'entendement grâce aux concepts, ce qu'on pourrait également appeler : *concipere*, ce qui est très différent de comprendre (begreifen). Je puis tout concevoir (conciperen), par exemple un mouvement perpétuel, bien que la mécanique en montre l'impossibilité. Le quatrième degré, c'est connaître quelque chose par la raison, *perspicere* lorsque j'en discerne (einsehe) la raison (Grund). En bien des choses, nous allons jusqu'à entendre, mais non jusqu'à discerner. Nos connaissances se réduisent en nombre à mesure que nous les voulons perfectionner. Le sixième degré est comprendre (begreifen, *comprehendere*), connaître quelque chose par la raison à un degré qui suffit à notre propos. Si on connaît quelque chose à un degré qui suffit à tout propos, cela s'appelle comprendre absolument et cela passe le pouvoir humain ». P. 730 (Dohna-Wundlacken) : « 1. se représenter ; 2. percevoir (wahrnehmen, *percipere*) ; 3. savoir kennen, *noscere*), c'est-à-dire connaître en telle sorte qu'on sait quelque chose en la comparant à d'autres choses selon leur identité et diversité ; 4. entendre, se représenter quelque chose par l'entendement au moyen de concepts (en sorte que l'on peut s'expliquer à son sujet, en donner les caractères) ; 5. connaître les choses à partir de la raison c'est-à-dire *a priori* par l'entendement, (lors même que la chose ne serait pas donnée) à partir des principes universels, selon leurs raisons (Gründen) s'appelle discerner (einsehen, *perspicere*). Donc discerner *a priori*, c'est connaître non seulement qu'il en est ainsi (par exemple la dissolution du sel par l'eau), mais qu'il est nécessaire qu'il en soit ainsi (par exemple par la voie mathématique, une éclipse de soleil, lors même que nous ne l'aurions jamais vue) ; 6. le dernier degré est comprendre (begreifen), discerner quelque chose de façon suffisante (en vue d'une certaine fin). Comprendre absolument, pour toute fin, *comprehendere* nous est impossible (pas les règles morales). On peut comprendre parfaitement, par exemple divers phénomènes hydrauliques de l'eau et les discerner *a priori* (dès lors que nous admettons la fluidité à titre d'hypothèse - discerner requiert conscience totale de la vérité). Mais ce qui est fluide, on ne peut le discerner *a priori*. P. 845 (Wiener Logik) : « Meier appelle *concipere* : begreifen, c'est-à-dire connaître par concepts (Begriffe). Mais cela ne va pas telle ment bien. Car nous ne disposons en allemand d'aucun terme pour *comprehendere*, c'est-à-dire connaître par intuition *per apprehensionem*. Voici les degrés de la distinction : 1. le degré inférieur, c'est se représenter (vorstellen) quelque chose. Quand je connais ce qui se rapporte à l'objet, je place l'objet devant moi (vor = devant, stellen = placer) ; 2. connaître (erkennen, *percipere*) veut dire se représenter quelque chose en comparaison avec d'autres choses et en discerner (einsehen) l'identité ou la différence. Donc connaître quelque chose avec conscience. Car les animaux connaissent leur maître, mais ils n'en ont pas conscience ; 3. entendre quelque chose (verstehen, *intelligere*) connaître quelque chose dans l'entendement, pas seulement avec conscience. L'entendement est le pouvoir des concepts. Par suite connaître quelque chose par concepts veut dire entendre quelque chose *(concipere)* ; 4. discerner (einsehen) quelque chose, connaître avec la raison, pas simplement entendre, mais selon des concepts tels qu'ils sont universels selon la détermination. Par exemple, pas simplement ce qui est une maison, mais également l'utilité, l'organisation etc. de la maison. Combien peu nombreux sont ceux qui discernent quelque chose, lors même qu'ils l'entendent. Par exemple le fabricant de poudre sait qu'elle possède une force motrice, qu'elle est produite de telle et telle manière. Un très petit nombre va jusqu'à entendre. C'est qu'ils ont certaines règles de l'entendement mais ils ne discernent pas, *non perspiciunt* ; 5. Comprendre (begreifen, *comprehendere*), discerner suffisamment, aussi loin que quelque chose sert à une certaine fin. Pris absolument <schlechthin> le concept désigne le cas où je connais à partir de la raison, en sorte qu'il est suffisant pour toute fin. Mais nous ne pouvons rien connaître ainsi. Le mathématicien discerne les propriétés de la chose à de nombreux égards, mais non pas son absolue suffisance. - Ce « comprendre » est quelque chose de très délicat. Les hommes doivent comprendre réellement ce qu'ils apprennent, à tout le moins relativement à ce en vue de quoi c'est compréhensible. Par exemple en matière de religion, de mystères de la nature, de morale. Car qui ne discerne pas suffisamment quelque chose eu égard à ce qu'il se propose n'en peut faire aucun usage. Aussi ne doit-on même pas parler de l'incompréhensible, dès lors qu'il n'est pas possible de connaître quelque chose en vue d'une fin spéculative. Il y a en nous un usage particulier de la raison où elle nous semble discerner suffisamment quelque chose dès lors que cette chose est telle que nous nous persuadons que nous aurions également pu la discerner par notre raison ; mais quand nous nous demandons si nous aurions pu également la connaître tout a fait *a priori*, tout se passe pourtant comme si nous ne l'avions pas connue. Toutes les preuves en sont là dans la science de la nature. Il s'en faut qu'elle suffise à comprendre ce que j'ai déterminé *a priori*. Par exemple je puis comprendre l'éclipse de lune parce que je sais le cours de la lune. Mais si je ne savais pas que le salpêtre possède une telle force motrice, pourrais-je bien savoir d'avance que la poudre exploserait ainsi ?

Finalement, si on va au fond des choses, il apparaît qu'il n'y a que peu de choses dont nous puissions dire que nous les comprenons suffisamment. Il y en a beaucoup dont nous pouvons définir le concept (Begriff) ; mais la plupart restent hors de prise (Begriffen), et de fort loin. Ce qui se trouve dans l'expérience, on s'est efforcé de le démontrer *a priori*. Par exemple on démontre fort bien en mécanique la propriété du levier. Mais ces connaissances montrent toujours quelque chose de défectueux en elles, d'où il apparaît que si l'expérience ne nous l'avait pas donné, nous n'aurions jamais pu y parvenir. Par conséquent, ce que je ne puis déterminer *a priori* je ne peux le comprendre ou discerner complètement. Par exemple la réfraction du rayon lumineux dans l'eau, on peut dès maintenant la définir et la raison est à même de rendre les choses fort compréhensibles dans l'expérience, mais il est faux que nous puissions nous flatter d'avoir été capables de discerner de telles choses *a priori* ». De cette hiérarchie de la connaissance on peut rapprocher la spécification, selon une « échelle graduée », du genre : représentation, par le procédé de la dichotomie dans K.R.V., A 320, p. 266.

44. *Raison et entendement*, K.R.V., A 310, p. 261.

45. *L'assentiment, l'opinion, la croyance, le savoir*, K.R.V., A 820 sq., p. 51 sq. : « L'assentiment est un événement dans notre entendement qui peut reposer sur des fondements objectifs, mais qui doit avoir également des causes subjectives dans l'esprit de celui qui juge... L'assentiment ou la validité subjective du jugement relativement à la conviction (qui a en même temps une valeur objective) comporte les trois degrés que voici : l'opinion, la croyance et le savoir. L'opinion est un assentiment accompagné d'une conscience de son insuffisance aussi bien subjective qu'objective. Si l'assentiment est seulement subjectivement suffisant, tout en étant tenu pour objectivement insuffisant, il se nomme *croyance*. Enfin l'assentiment suffisant aussi bien subjectivement qu'objectivement s'appelle savoir ». Voir également K.U., § 90-91.

46. La *croyance*. Eric Weil (Problèmes kantiens, p. 20, note 6) cite Hume, Treatise, Bk I, Part III, Sec. VII : « La croyance est quelque chose qui est sentie par l'esprit... Elle donne aux idées du jugement

davantage de force et d'influence et en fait les principes qui gouvernent toutes nos actions » ; et il ajoute : « Malgré les différences fondamentales entre Kant et Hume quant au contenu de la foi, chez les deux il ne s'agit pas de *faith* (foi), mais de *belief* (croyance), l'adhésion donnée à un jugement d'existence irréfutable, mais incapable de preuve (jugement qui ne contient pas de contradiction interne) ».

47. Nécessité de *prémisses indémontrables*, cf. Aristote - Seconds Analytiques, I, 1, 2, 3, spécialement 71 b 26 : « Elles doivent être premières et indémontrables car autrement on ne pourrait les connaître faute d'en avoir la démonstration puisque la science des choses qui sont démontrables, s'il ne s'agit pas d'une science accidentelle, n'est pas autre chose que d'en posséder la démonstration » - et 72 B 19 : « Toute science n'est pas démonstrative, mais celles des propositions immédiates est au contraire indépendante de la démonstration. Que ce soit là une nécessité, c'est évident : s'il faut en effet connaître les prémisses antérieures d'où la démonstration est tirée, et si la régression doit s'arrêter au moment où l'on atteint les vérités immédiates, ces vérités sont nécessairement indémontrables ».

48. Preuve *apagogique* et preuve *ostensive*, K.R.V., A 789, p. 534 : « La preuve directe ou *ostensive*, dans toute espèce de connaissance est celle qui lie à la conviction de la vérité la pénétration des sources de cette dernière ; la preuve *apagogique* au contraire peut, il est vrai, produire la certitude, mais elle ne permet pas de saisir la vérité au point de vue de la dépendance mutuelle des raisons de sa possibilité. C'est pourquoi les preuves de cette dernière espèce sont un moyen de secours plutôt qu'un procédé qui donne satisfaction à toutes les fins de la raison. Elles présentent pourtant, sous le rapport de l'évidence, un avantage sur les preuves directes : c'est que la contradiction comporte toujours plus de clarté dans la représentation que la meilleure synthèse et se rapproche par là davantage du caractère intuitif d'une démonstration ».

49. *L'argument logique*, K.U., § 90 : « Tous les arguments de caractère théorique suffisent ou bien : 1. à la preuve par des *syllogismes* logiquement rigoureux, ou bien, lorsque ce n'est pas le cas, 2. au raisonnement par *analogie*, ou bien encore, si celui-ci n'a pas lieu, 3. à *l'opinion probable*, ou enfin à admettre à titre *d'hypothèse* un principe d'explication simplement possible ».

50. La notion de *système*, K.R.V., A 832, p. 558 : « Sous le gouvernement de la raison, nos connaissances en général ne peuvent se présenter comme une rhapsodie, mais il faut qu'elles forment un *système*, et c'est à ce seul prix qu'elles peuvent soutenir et favoriser les fins

essentielles de la raison. Or j'entends par système l'unité des connaissances diverses sous une Idée. Cette Idée est le concept rationnel de la forme d'un tout, en tant que c'est par lui que se trouve déterminée *a priori* la sphère du divers, ainsi que la position respective des parties. Le concept rationnel scientifique contient donc la fin et la forme du tout qui concorde avec lui. L'unité de la fin, à laquelle se rapportent toutes les parties en même temps qu'elles se rapportent les unes aux autres dans l'Idée de cette fin, fait que l'on peut s'apercevoir de l'absence d'une partie quand on connaît les autres et qu'aucune addition contingente ou aucune grandeur indéterminée de la perfection qui n'ait pas ses limites déterminées *a priori* ne peut avoir lieu ». Voir également : Premiers principes métaphysiques de la science de la nature, préface.

51. *Conviction et persuasion*, K.R.V., A 820, p. 551 : « Quand l'assentiment est valable pour quiconque, pourvu qu'il soit doué de raison, son principe est objectivement suffisant et l'assentiment se nomme alors *conviction*. S'il n'a son fondement que dans la nature particulière du sujet, il se nomme *persuasion* » - K.U., § 90 : « On exige de toute preuve qu'elle soit établie par la présentation empirique immédiate de ce qui doit être prouvé (comme c'est le cas dans la preuve par observation de l'objet ou l'expérimentation), ou *a priori*, par la raison à partir de principes - non pas seulement qu'elle *persuade*, mais qu'elle *convainque*, ou du moins qu'elle travaille à convaincre, c'est-à-dire que l'argument ou le raisonnement ne soit pas simplement un principe de détermination subjectif esthétique) de l'adhésion <Beifalls> (simple apparence) mais qu'il soit objectivement valable et qu'il soit un fondement logique de la connaissance ».

52. *Réflexion*. Kant en élabore la conception à trois points de vue : 1. la réflexion *en général* dans l'Anthropologie, § 4, note 2 : « ... l'action intérieure (spontanéité) par laquelle un concept (une pensée) est possible, c'est-à-dire la *réflexion*... L'observation en moi-même des différents actes du pouvoir de représentation lorsque je fais appel à eux mérite bien qu'on y réfléchisse, elle est nécessaire et utile pour la Logique et la Métaphysique » - § 37 : « L'expérience est une connaissance empirique, mais la connaissance (puisqu'elle repose sur des jugements) requiert la réflexion *(reflexio)*, par conséquent la conscience de l'activité qui compose la diversité de la représentation selon la règle de son unité, c'est-à-dire le concept et la pensée en général (différente de l'intuition) » ; 2. la réflexion *transcendantale* dans l'Amphibologie, afin de dissiper « la confusion de l'objet de l'entendement pur avec le phénomène » - K.R.V., A 260, p. 232 sq. :

« La réflexion (Ueberlegung - *reflexio*) n'a pas affaire aux objets eux-
mêmes pour en acquérir directement des concepts, mais elle est l'état
de l'esprit où nous commençons par nous préparer à découvrir les
conditions subjectives qui nous permettent de parvenir aux concepts.
Elle est la conscience du rapport des représentations données à nos
diverses sources de connaissance ; seul ce rapport permet de déterminer correctement leurs rapports mutuels. La première question qui
se pose avant tout traitement ultérieur de nos représentations est
celle-ci : en quelle faculté de connaître conviennent-elles ? Est-ce au
regard de l'entendement ou bien des sens qu'elles sont liées ou comparées ? En bien des cas, c'est l'habitude qui fait admettre le jugement,
ou c'est l'inclination qui le forme ; mais aucune réflexion ne le précédant, ou à tout le moins ne le suivant de manière critique, on lui accorde
la valeur d'un jugement qui a son origine dans l'entendement. Les
jugements n'ont pas tous besoin d'une discussion <Untersuchung>
... mais tous les jugements et même toutes les comparaisons ont besoin
d'une réflexion, c'est-à-dire qu'ils exigent que l'on distingue de quelle
faculté de connaître relèvent les concepts donnés. L'acte par lequel
je rapproche la comparaison des représentations en général de la
faculté de connaître où elles se placent, et par lequel je distingue si
c'est comme appartenant à l'entendement pur ou à l'intuition sensible
qu'elles sont comparées entre elles, cet acte, je le nomme la *réflexion
transcendantale* » ; 3. la réflexion propre à l'espèce *esthétique* du
jugement (réfléchissant) distinguée de son espèce *logique* (déterminant) - Première Introduction à la critique de la faculté de juger,
V (Ak. XXX, 7, p. 211, trad. Guillermit, Vrin, p. 33) : « Réfléchir
(reflectiren, überlegen), c'est comparer et tenir des représentations
données conjointes soit avec d'autres, soit avec son pouvoir de connaître en relation avec un concept rendu possible par ce moyen... L'acte
de réfléchir (qu'on voit se manifester même chez les animaux, bien
que sous une forme uniquement instinctive, c'est-à-dire non pas relativement à un concept que cet acte permettrait d'acquérir, mais
relativement à une inclination qu'il permettrait de déterminer) exige
pour nous un principe tout aussi bien que l'acte de déterminer dans
lequel le concept d'objet qui le fonde prescrit la règle à la faculté
de juger et par suite prend la place du principe ». De façon générale, la troisième Critique s'occupe du jugement réfléchissant et de
« la simple réflexion sur une perception, où il s'agit de réfléchir non
pas à propos d'un concept déterminé, mais de façon générale à propos de la règle sur une perception au profit de l'entendement comme
pouvoir des concepts. » (*Ibid*, Ak. p. 221, trad. p. 44).

53. Le *pari*, K.R.V., A 824, p. 554 : « La pierre de touche ordinaire permettant de reconnaître si ce que quelqu'un affirme est une simple persuasion ou du moins une conviction subjective, c'est-à-dire une ferme croyance, est le *pari*. Il arrive souvent que quelqu'un avance ses affirmations avec une audace si assurée et si intraitable qu'il paraît avoir entièrement banni toute crainte d'erreur. Un pari le rend hésitant. Il apparaît parfois que sa persuasion est suffisante pour qu'il puisse l'évaluer à un ducat, mais pas à dix. Car il risque encore bien le premier, mais s'il s'agit de dix, il s'apercevra de ce qu'il n'a pas remarqué auparavant : qu'il est bien possible qu'il se soit trompé. Si on se représente par la pensée que l'on doive parier là-dessus le bonheur de toute la vie, notre jugement triomphant s'évanouit tout à fait, nous devenons tout intimidés et pour la première fois nous découvrons que notre croyance ne va pas si loin ».

54. Le *préjugé*, K.U., § 40 : « La disposition <Hang> à la passivité et par suite à l'hétéronomie de la raison se nomme le *préjugé*, et le plus grand de tous les préjugés, c'est de se représenter la nature comme n'étant pas soumise aux règles que l'entendement lui donne comme fondement au moyen de la loi essentielle qui lui est propre, c'est la *superstition* <Aberglaube>. La libération de la superstition s'appelle : *Aufklärung* ; en effet encore que cette désignation convienne également à la libération des préjugés en général, c'est au premier chef *(in sensu eminenti)* la superstition qui mérite d'être appelée un préjugé, puisque l'aveuglement où elle plonge et dont elle va même jusqu'à faire obligation dénonce avec éclat le besoin d'être guidé par autrui, donc l'état d'une raison passive ».

55. En appeler au *sens commun* est inadmissible en métaphysique. Prolégomènes - Solution de la question générale, trad. Gibelin, Vrin, p. 163 : ... « le sens commun, c'est la faculté de la connaissance et de l'emploi des règles *in concreto*, à la différence de *l'entendement spéculatif* qui est une faculté de la connaissance des règles *in abstracto*... Donc l'usage du sens commun n'excède pas sa capacité de voir ses propres règles confirmées dans l'expérience (encore que ce soit réellement *a priori* qu'elles résident en lui) ; les discerner *a priori* et indépendamment de l'expérience relève de l'entendement spéculatif et dépasse tout a fait l'horizon du sens commun. Or la métaphysique n'a précisément affaire qu'à cette dernière espèce de connaissance et c'est à coup sûr un mauvais signe de bon sens que de se réclamer d'un garant qui n' a pas du tout à juger ici... »

51. K.R.V., A 425, p. 337 : « La morale également peut donner, a tout le moins dans des expériences possibles, tous ses principes *in*

concreto ainsi que les conséquences pratiques, et éviter ainsi le malentendu de l'abstraction ».

57. Supériorité de la *raison pratique* sur *l'entendement spéculatif*, cf. Fondements de la métaphysique des mœurs, fin de la première section, p. 106 sq. « Ici, l'on ne peut point considérer sans admiration combien, dans l'intelligence commune de l'humanité la faculté de juger en matière pratique l'emporte de tout point sur la faculté de juger en matière théorique ».

58. *L'égoïsme logique.* Anthropologie, § 2 : « L'égoïsme peut comporter trois formes de présomption : celle de l'entendement, celle du goût, celle de l'intérêt pratique, c'est-à-dire qu'il peut être logique, esthétique, ou pratique. - L'égoïste logique ne tient pas pour nécessaire de vérifier son jugement d'après l'entendement d'autrui, comme s'il n'avait aucun besoin de cette pierre de touche *(criterium veritatis externum)* ».

59. La *probabilité*, K.U., § 90 : « La probabilité est une partie d'une certitude possible dans une certaine série de raisons (ces raisons comparées à la preuve suffisante sont comme des parties par rapport à un tout) et pour atteindre cette certitude, toute raison qui est insuffisante doit pouvoir être complétée... Ces raisons doivent être **homogènes en tant que** principes de détermination de la certitude d'un seul et même jugement puisque sans cela, elles ne **sauraient** constituer ensemble une grandeur (au sens où la certitude en est une) » - Prolégomènes, Solution de la question générale, p. 162 : « On ne peut rien trouver de plus absurde que de prétendre, dans une métaphysique, philosophie issue de la raison pure, fonder ses jugements sur la probabilité et la conjecture. Tout ce qui doit être connu *a priori* est par là même donné pour apodictiquement certain et doit donc également être démontré en même façon. Autant prétendre fonder une géométrie ou une arithmétique sur des conjectures : car en ce qui concerne le *calculus probabilium*, il ne contient pas de jugements probables, mais bien tout a fait certains, sur le degré de la possibilité de certains cas dans des conditions homogènes **données**, cas qui, dans la somme de tous les cas possibles, doivent se produire tout à fait infailliblement conformément à la règle, encore que celle-ci ne soit pas suffisamment déterminée relativement à chaque occurrence particulière ». Voir également l'opuscule de 1796 : D'un ton grand seigneur adopté naguère en philosophie (Ak. VIII, p. 397, note, trad. Guillermit, Vrin, p. 98) : « Il arrive parfois qu'on se serve du terme : croyance en un sens théorique, comme s'il équivalait à un : tenir quelque chose pour *probable* ; et alors il faut bien

remarquer que l'on ne peut dire de ce qui dépasse toutes les limites possibles de l'expérience ni qu'il est probable, ni qu'il est improbable, par suite aussi que le mot : croyance, est, *dans le sens théorique*, hors de propos lorsqu'il s'agit d'un tel objet ».

60. *La vraisemblance. Progrès* de la métaphysique (Ak. XX, 7, p. 299, trad. Guillermit, Vrin, p. 61) : « Est probable *(probabile)* ce qui comporte une raison d'assentiment supérieure à la moitié de la raison suffisante ; il s'agit donc d'une détermination mathématique de la modalité de l'assentiment, où ses moments doivent être considérés comme homogènes, où par conséquent une approximation de la certitude est possible ; au contraire la raison du plus ou moins *vraisemblable (verosimile)* peut être constituée également de raisons hétérogènes, ce qui fait que son rapport à la raison suffisante ne peut pas du tout être connu » - Annonce de la proche conclusion d'un traité de paix perpétuelle en philosophie, section III, début (Ak. VIII, p. 420, trad. citée p. 122) : ... « l'art de persuader par des raisons subjectives d'approuver prenant la place d'une méthode qui permet de convaincre par des raisons objectives, il est alors assuré que l'élève se laisse imposer la vraisemblance *(verisimilitudo)* en guise de probabilité *(probabilitas)* et cette dernière, dans les jugements qui ne peuvent procéder qu'*a priori* de la raison, en guise de certitude ».

61. Méthode *dogmatique* et méthode *sceptique* : 1. K.R.V., Vorrede B, XXXV, p. 26 : « La critique n'est pas opposée au *procédé dogmatique* de la raison dans sa connaissance pure en tant que science (car la science doit toujours être dogmatique, c'est-à-dire strictement démonstrative à partir de principes *a priori* assurés), mais elle est opposée au *dogmatisme* c'est-à-dire à la prétention d'aller de l'avant avec une connaissance tirée de concepts, selon des principes tels que ceux dont la raison a longtemps fait usage, sans s'informer de la manière dont elle y est parvenue ni du droit qu'elle avait de le faire. Ainsi le dogmatisme est le procédé dogmatique de la raison pure, sans critique préalable de son propre pouvoir » ; 2. K.R.V., A 423-4, p. 336-7 : « Cette méthode : assister à un combat des assertions [il s'agit de l'Antithétique] ou plutôt aller jusqu'à le susciter, non pas du tout pour finalement trancher en faveur de l'un ou l'autre parti, mais pour examiner si par hasard son objet ne serait pas une simple illusion que chacun poursuit en vain et où il n'y a rien à gagner lors même qu'il ne serait pas contredit - ce procédé, dis-je, on peut l'appeler la *méthode sceptique*. Elle diffère entièrement du scepticisme, principe d'une ignorance délibérée

et scientifique qui ruine les fondements de toute connaissance pour
ne lui laisser nulle part si possible aucune sûreté ni certitude. Car
la méthode sceptique tend à la certitude... »

62. Les *hypothèses*, K.R.V., A 770, p. 524 : « Pour que l'imagination
ne se mette pas à *délirer*, mais puisse *inventer* sous l'étroite sur-
veillance de la raison, il faut qu'il y ait toujours au préalable quelque
chose de tout à fait certain et qui ne soit pas inventé ou simple
opinion, et c'est la *possibilité* de l'objet même. En ce cas il est tout
a fait légitime, au sujet de la réalité de l'objet de recourir à l'opinion,
mais pour que cette opinion ne soit pas sans fondement, il faut
qu'elle soit, à titre de principe d'explication, rattachée à ce qui est
réellement donné et, par suite, certain ; elle se nomme alors *hypothèse* ».
Voir également K.U., § 73 et 90 (4) ;K.R.V., § 12, B 115, p. 99 : « Le
critère d'une hypothèse, c'est l'*intelligibilité* du *principe d'explication*
admis ou son *unité* (sans hypothèse subsidiaire), la *vérité* des conséquences qui en découlent (accord de ces conséquences entre elles et
avec l'expérience) et enfin l'*intégralité* du principe d'explication relativement à ces conséquences, qui ne restituent rien de plus ni de
moins que ce qui a été admis dans l'hypothèse : ce qui a été pensé
synthétiquement *a priori*, elles le redonnent analytiquement *a posteriori*
selon une exacte concordance ».

63. *Pratique, théorique, spéculatif*, K.R.V., A 633, p. 447 : « Je me
contente ici de définir la connaissance *théorique : celle par laquelle
je connais *ce qui est ;* la connaissance *pratique : celle par laquelle
je me représente *ce qui doit être* » - K.P.V., § 1, Scolie : « Dans la
connaissance de la nature, les principes de ce qui arrive (par exemple le principe de l'égalité de l'action et de la réaction dans la
communication du mouvement) sont en même temps les lois de la
nature ; car l'usage de la raison y est théorique et déterminé par
la constitution de l'objet. Dans la connaissance pratique, c'est-à-dire
celle qui a simplement affaire à des principes déterminants de la
volonté, les principes que l'on se fait ne sont pas encore de ce seul
fait des lois auxquelles on est inévitablement soumis, car dans la
connaissance pratique la raison a affaire au sujet, c'est-à-dire à la
faculté de désirer, à la constitution particulière de laquelle la règle
peut s'accommoder en diverses manières » ; voir également : livre II,
ch. 2, fin de la section VI et section VII - et K.U., Introduction 1 -
K.R.V., A 634, p. 448 : « Une connaissance théorique est *spéculative*
quant elle porte sur un objet ou sur des concepts d'un objet tel qu'on
n'y peut atteindre dans aucune expérience. Elle s'oppose à la *connaissance de la nature* qui ne porte sur aucun autre objet ou prédicat

que ceux qui peuvent être donnés dans une expérience possible ».

64. Sur la notion *d'impératif*, voir Fondements de la Métaphysique des mœurs, II, p. 123 sq. : « La représentation d'un principe objectif en tant que ce principe est contraignant pour une volonté s'appelle un commandement (de la raison) et la *formule* du commandement s'appelle un *impératif* ».

65. Le *concept*, représentation *générale*, K.R.V., A 106, p. 119 : « Toute connaissance exige un concept, si imparfait ou si obscur qu'il puisse être : or le concept est toujours, quant à sa forme, quelque chose de général et qui sert de règle. Ainsi le concept de corps, selon l'unité du divers qui est pensé grâce à lui, sert de règle à notre connaissance des phénomènes externes. Mais il ne peut être une règle des intuitions que parce qu'il représente en des phénomènes donnés la reproduction nécessaire du divers, par suite, l'unité synthétique dans la conscience que nous en avons. Ainsi le concept de corps rend nécessaire, dans la perception de quelque chose qui est extérieure à nous, la représentation de l'étendue et avec elle, celle d'impénétrabilité, de figure etc... » - A 103, p. 115-116 : « Sans la conscience que ce que nous pensons est précisément la même chose que ce que nous pensions un instant auparavant, toute reproduction dans la série des représentations serait vaine... Le mot : concept, pourrait déjà de lui-même nous conduire à cette remarque. Car le concept, c'est une conscience - *une*, qui réunit en une représentation le divers successivement intuitionné et reproduit. Il se peut qu'en bien des cas cette conscience ne soit que faible, au point que nous ne la relions à la reproduction de la représentation que dans l'effet et non dans l'acte même, c'est-à-dire de façon immédiate ; mais malgré cette différence, il faut pourtant qu'il y ait toujours une conscience, lors même que la clarté marquante lui fait défaut ; autrement les concepts et avec eux la connaissance des objets seraient tout à fait impossibles ».

66. *L'Idée*, le concept de la raison, K.R.V., A 312 sq., p. 262 sq. : « Un concept provenant des notions [concepts purs de l'entendement] qui dépasse la possibilité de l'expérience est l'Idée ou concept de la raison » - A 327, p. 270 : « J'entends par *Idée* un concept nécessaire de la raison auquel aucun objet qui lui convienne ne peut être donné dans les sens ».

67. *Concepts purs* de l'entendement ou *catégories*, K.R.V., § 10, A 79, p. 92 sq. : « La même fonction qui donne l'unité aux diverses représentations *dans un jugement* donne également l'unité à la simple synthèse de diverses représentations dans *une intuition*, unité

qui, généralement parlant, est appelée le concept pur de l'entendement. Ainsi le même entendement et à la vérité par les mêmes actes au moyen desquels il introduisait dans les concepts, grâce à l'unité analytique, la forme logique d'un jugement, produit également, grâce à l'unité synthétique du divers dans l'intuition en général, un contenu transcendantal dans ses représentations ; c'est la raison pour laquelle elles se nomment concepts purs d'entendement, qui s'appliquent *a priori* à des objets, application que ne peut faire la Logique générale ». - Lettre à J. S. Beck, 3 juillet 1792 : « La différence entre la synthèse des représentations dans un concept et la synthèse dans un jugement : par exemple, l'homme noir et l'homme est noir (autrement dit : l'homme qui est noir et l'homme est noir) réside, à mon sens, en ceci : dans la première, un concept est pensé comme *déterminé* ; dans la seconde, ce qui est pensé, c'est mon action de *déterminer* ce concept. Vous avez donc parfaitement raison de dire que dans le concept *composé*, l'unité de la conscience doit être donnée comme *subjective*, tandis que dans la *composition* du concept, l'unité de la conscience doit être faite comme *objective*, c'est-à-dire que dans le premier cas l'homme doit être simplement *pensé* comme noir (représenté problématiquement), dans le second, il doit être *connu* comme tel ».

68. Le *mathématique* et le *dynamique*. 1. distinction appliquée aux principes : K.R.V., A 160-162, B 201-202, note, p. 163-164 : Dans l'application des concepts purs de l'entendement à l'expérience *l'emploi* de leur synthèse est soit *mathématique*, soit *dynamique*, car elle porte pour une part sur *l'intuition* simplement, pour une part sur l'existence d'un phénomène général... La première liaison *(compositio)* est la synthèse du divers qui n'est pas nécessairement lié : par exemple, les deux triangles formés dans un carré par la diagonale n'appartiennent pas nécessairement l'un à l'autre... La seconde liaison *(nexus)* est la synthèse du divers en tant qu'il ne *fait nécessairement qu'un*, comme l'accident par exemple et une substance quelconque, ou comme l'effet par rapport à la cause... » ; 2. distinction appliquée aux *Idées*, A 529 sq., p. 392-394 - L'importance de cette distinction est bien montrée par J. Vuillemin, Physique et métaphysique kantiennes.

69. Idées de la *Liberté* et de *Dieu* : K.U., § 91 ; Annonce de la proche conclusion d'un traité de paix perpétuelle, I, B-Ak., VIII, p. 417-418, trad. p. 119-120.

70. *Notion*, K.R.V., A 320, p. 266 : « Le concept est ou empirique, ou pur, et le concept pur en tant qu'il a son origine uniquement dans l'entendement (et non dans une image pure de la sensibilité) s'appelle :

notion » - Ak., XXIV, p. 566 : « *Conceptus purus est notio.* Donc notion est plus que concept, mais en allemand, il n'y a pas d'expression correspondante ».

71. *L'abstraction.* Kant revient avec insistance sur « l'abus que commettent les logiciens modernes lorsqu'ils opposent l'abstrait au concret et parlent d'abstraire *quelque chose,* alors qu'ils devraient seulement parler d'abstraire *de* quelque chose. 1. Dans l'Essai pour introduire en philosophie le concept de grandeur négative (1763), section III, I, trad. Kempf, Vrin, p. 103, pour souligner le caractère *positif* de l'acte par lequel on fait abstraction : « Toute abstraction consiste seulement en une suppression de certaines représentations claires à laquelle on procède ordinairement de façon telle que ce qui reste soit d'autant plus clairement représenté. Mais chacun sait quelle activité cela exige et on peut justement appeler l'abstraction une attention négative, c'est-à-dire une conduite authentique opposée à celle qui permet à la représentation de s'éclaircir et qui en se combinant avec elle produit le zéro ou le défaut de la représentation claire. Car si elle était simplement une négation ou un manque, la mise en œuvre d'une force serait aussi peu nécessaire qu'il ne faut de force pour que j'ignore quelque chose dans le cas ou je n'ai jamais eu de raison de l'apprendre ; 2. Ce que confirme la distinction entre l'abstraction et la simple *distraction* dans l'Anthropologie, § 3 : « L'effort pour devenir conscient de ses représentations consiste ou bien à *porter attention (attentio),* ou bien à détourner le regard d'une représentation dont je suis conscient *(abstractio.)* Et dans ce dernier cas, l'attention n'est pas simplement omise ou négligée - ce serait de la *distraction (distractio)* -, c'est un acte réel du pouvoir de connaître qui consiste à maintenir dans *une* conscience une représentation hors de toute liaison avec les autres. Par conséquent, on ne dit pas abstraire (isoler) quelque chose, mais faire abstraction *de quelque chose,* c'est-à-dire d'une détermination de l'objet de ma représentation ; et du coup, cette représentation acquérant la généralité d'un concept est accueillie dans l'entendement. La capacité de faire abstraction d'une représentation, même si elle s'impose à l'homme par les sens, est un bien plus grand pouvoir que celle d'être attentif, car elle prouve une liberté de la faculté de penser et une autonomie de l'esprit qui permettent d'avoir sous son contrôle l'état de ses représentations *(animus sui compos)* ». 3. La Dissertation de 1770, § 6, veut « éviter que cette ambiguïté n'entache l'enquête sur les intelligibles ». « Il faut noter l'extrême ambiguïté du mot : *abstrait...* A proprement parler, on devrait dire : *abstraire de quelques choses,*

et non pas abstraire *quelque chose*. La première expression signifie que dans un concept nous ne prenons pas en compte d'autres choses qui s'y rattachent en quelque façon que ce soit, la seconde qu'il est donné seulement *in concreto* et en telle sorte qu'il soit séparé de ce qui lui est lié. C'est ainsi que le concept intellectuel *abstrait* de tout sensible ; il *n'est pas abstrait* du sensible et il serait sans doute plus correct de le dire *abstrayant* que de le dire *abstrait*. » 4. En conséquence, la Réponse à Eberhard (1790), section B, note 1, rejette comme impropre l'opposition que ce dernier prétendait établir entre *temps abstrait* et *temps concret* : « On n'abstrait pas un concept comme caractère commun, mais, dans *l'usage* d'un concept, on fait abstraction *de* la diversité de ce qui est contenu sous lui. Il est au pouvoir des seuls chimistes d'abstraire quelque chose, lorsqu'ils extraient un liquide d'autres matières pour l'isoler ; le philosophe fait abstraction de ce qu'il ne veut pas prendre en considération dans un certain usage du concept... Les distinctions de l'abstrait et du concret concernent seulement l'usage des concepts, non les concepts eux-mêmes ».

72. Concepts *réciproques* - par exemple, la validité *objective* et la validité *universelle et nécessaire*, dans Prolégomènes § 19 (début), p. 67 - ou encore : « la liberté et la législation propre de la volonté, qui sont toutes deux de l'autonomie », dans les Fondements de la métaphysique des Mœurs, section III, p. 187.

73. Le *jugement*. La fausse subtilité des quatre figures syllogistiques (1762), § 1 : « Comparer quelque chose, à titre de caractère, avec une chose, s'appelle juger. La chose elle-même est le sujet, le caractère est le prédicat. La comparaison sera exprimée par le signe de liaison (copule) : *est* ou *sont* ; s'il est employé absolument, il désigne le prédicat comme un caractère du sujet, tandis que si le signe de la liaison s'y attache, il donne à connaître le prédicat comme un caractère opposé au sujet » - Progrès de la métaphysique, Ak., XX, 7, p. 271 : « L'entendement ne manifeste son pouvoir que dans les jugements, qui ne sont rien d'autre que l'unité de la conscience dans la relation des concepts en général » - K.R.V., A 68-69, p. 87 : Des concepts [qui reposent sur la spontanéité de la pensée], l'entendement ne peut faire aucun autre usage que de juger par leur moyen. Comme aucune représentation ne se rapporte immédiatement à l'objet, à l'exception de la seule intuition, jamais un concept ne se rapporte directement à un objet ; c'est toujours à quelque autre représentation de cet objet (que ce soit une intuition ou même déjà un autre concept) qu'il se rapporte. Le jugement est donc la connaissance

médiate d'un objet, par conséquent la représentation de la représentation de cet objet. Dans tout jugement, il y a un concept qui vaut pour plusieurs et qui comprend également parmi eux une représentation donnée, qui est enfin rapportée à l'objet de façon immédiate. Ainsi par exemple, dans le jugement : *tous les corps sont divisibles*, le concept de divisible se rapporte à divers autres concepts ; or, parmi ceux-ci, il est rapporté ici spécialement au concept de corps, ce dernier à son tour à certains phénomènes qui se présentent à nous. Ainsi ces objets sont représentés de façon médiate par le concept de la divisibilité. Par conséquent, tous les jugements sont des fonctions de l'unité parmi nos représentations, puisque, au lieu d'une représentation immédiate, c'est une représentation *plus élevée*, contenant la précédente ainsi que plusieurs autres, qui sert à la connaissance de l'objet et que, de cette façon, maintes connaissances possibles sont rassemblées en une seule. Or nous pouvons ramener tous les actes de *l'entendement* à des jugements, de sorte que l'entendement en général peut être représenté comme un *pouvoir de juger*. En effet, d'après ce qui précède, il est un pouvoir de penser. Penser, c'est connaître par concepts. Or les concepts se rapportent comme prédicats de jugements possibles à quelque représentation d'un objet *encore indéterminé*. Ainsi le concept de corps signifie quelque chose, par exemple un métal, qui peut être connu par ce concept. Il n'est donc concept que du fait que sont contenues sous lui d'autres représentations au moyen desquelles il peut être rapporté à des objets. Il est donc le prédicat d'un jugement possible, par exemple : tout métal est un corps. Les fonctions de l'entendement peuvent donc être trouvées en totalité, si l'on peut exposer intégralement les fonctions de l'unité dans les jugements » - K.R.V., § 19, B 140 sq., p. 118 : « Je n'ai jamais pu me satisfaire de la définition que les logiciens donnent du jugement en général. C'est, disent-ils, la représentation d'un rapport entre deux concepts [...] Je me borne à remarquer que l'on ne détermine pas ici en quoi consiste ce *rapport*. Or, si j'examine plus précisément le rapport des connaissances données dans chaque jugement et si je le distingue, en tant qu'il relève de l'entendement, de la relation conforme aux lois de l'imagination reproductrice (dont la valeur est uniquement subjective), je trouve que le jugement n'est rien d'autre que la façon de ramener les connaissances données à l'unité objective de l'aperception. Le rôle qu'y joue la copule : est, c'est de distinguer l'unité objective de représentations données de leur unité subjective. En effet, elle désigne le rapport de ces représentations à l'aperception originaire

et leur *unité nécessaire,* quand bien même le jugement est empirique
et, de ce fait, contingent, par exemple : les corps sont pesants. Il
est vrai que je ne veux pas dire par là que ces représentations se
rapportent *nécessairement* les unes aux autres dans l'intuition empirique, mais bien qu'elles se rapportent les unes aux autres dans la
synthèse des intuitions *grâce à l'unité nécessaire* de l'aperception,
c'est-à-dire selon des principes de la détermination objective de toutes
les représentations dans la mesure où une connaissance peut en
résulter, principes <Prinzipien> qui sont tous dérivés du principe
<Grundsatz> de l'unité transcendantale de l'aperception. C'est seule-
ment de cette manière que de ce rapport peut résulter un jugement,
c'est-à-dire un rapport qui est *objectivement valable* et qui se distingue suffisamment du rapport dont la valeur serait simplement subjective entre ces représentations, tel par exemple : celui qui est
conforme aux lois de l'association. Celles-ci me permettraient seulement de dire : lorsque je porte un corps, je sens une impression de
pesanteur, mais non pas : c'est le corps qui est pesant ; ce qui veut
dire au juste que c'est dans l'objet, c'est-à-dire sans faire acception
de l'état du sujet, que ces deux représentations sont liées et que ce
n'est pas simplement dans la perception (aussi souvent qu'elle soit
répétée) qu'elles sont réunies ».

Nous retenons à part, en raison de l'importante parenthèse
concernant la Logique générale qu'elle représente dans le contexte
de la Logique transcendantale, la remarque que nous avons omise au
début de ce texte, ainsi que la note qui s'y rattache. Kant relève que
la définition du jugement donnée par les logiciens a « le défaut
de ne convenir à la rigueur qu'aux jugements catégoriques, mais non
aux jugements hypothétiques et disjonctifs (puisque ceux-ci ne renferment pas un rapport de concepts, mais bien de jugements)... » ;
« cette erreur de logique a suscité maintes conséquences fâcheuses :
la prolixe doctrine des quatre figures syllogistiques ne concerne que
les syllogismes catégoriques et encore qu'elle ne soit rien de plus
qu'un art qui, en dissimulant des conséquences immédiates *(conse-
quentiae immediatae)* sous les prémisses d'un pur syllogisme, suscite
subrepticement l'apparence d'un plus grand nombre d'espèces de raisonnements que celle qui se trouve dans la première figure, elle
n'aurait pourtant connu pour cette seule raison aucun succès particulier si elle n'avait réussi à faire accorder une considération exclu-
sive aux jugements catégoriques, comme à ceux auxquels tous les
autres doivent se ramener, ce qui est pourtant faux ». (Et Kant
renvoie au § 9 où il a exposé et commenté la table des catégories) - Sur
ce point, voir encore dans la Logique, § 24, la Remarque.

74. Les *formes* des jugements, K.R.V., § 9, A 70 sq., p. 88 sq.

75. Assimilation des jugements *singuliers* aux jugements *univer-sels*, K.R.V., § 9, A 71, p. 89 : « En effet, du fait même qu'ils n'ont aucune extension, leur prédicat ne peut pas être rapporté simplement à l'une des choses contenues sous le concept du sujet, tandis qu'il serait exclu d'une autre. Donc il vaut de tout ce concept sans exception, tout comme si celui-ci était un concept général <gemeingülti-ger> qui aurait une extension telle que le prédicat vaudrait pour la totalité de sa signification. Au contraire, si nous comparons au point de vue de la quantité un jugement singulier et un jugement universel au seul titre de *connaissance*, le premier est au second ce que l'unité est à l'infinité, et ils sont par conséquent en eux-mêmes essentiellement distincts. Donc, si j'évalue un jugement singulier *(judicium singulare)* non pas simplement au point de vue de sa valeur interne mais également, à titre de connaissance en général, au point de vue de la quantité qu'il possède par comparaison avec d'autres connaissances, il est entièrement différent des jugements généraux *(judicia communia)* » - Sur *universalité* et *généralité*, Ak., XXIV, p. 765 : « De façon générale le *judicium generale* est distinct du jugement universel. Il trouve place là où il n'y a que peu d'exceptions risquant de rendre ce jugement erroné ; on peut donc énoncer *generaliter*. Ces jugements ne se trouvent que dans le domaine empirique ».

76. Par exemple : anima non est mortalis, anima est non mor-talis.

77. La *modalité*, K.R.V., § 9 (4), Ak., A 74, p. 91 : « La modalité des jugements en est une fonction tout à fait à part, dont le caractère distinctif est de ne contribuer en rien au contenu du jugement (car en dehors de la quantité, de la qualité, et de la relation, il n'y a plus rien qui constitue le contenu d'un jugement) mais de ne concerner que la valeur de la copule relativement à la pensée en général » - A 219, p. 200 : « Les catégories de la modalité présentent la particularité de ne pas accroître le moindrement le concept auquel elles sont jointes à titre de prédicats, mais d'exprimer seulement le rapport au pouvoir de connaître. Lorsque le concept d'une chose est déjà tout à fait complet, je puis encore demander de cet objet s'il est simplement possible, ou s'il est en outre réel, ou dans ce dernier cas, s'il est même en outre nécessaire. Par là aucune détermination supplémentaire n'est pensée dans l'objet lui-même ; on se demande seulement en quelle sorte de rapport cet objet (ainsi que toutes ses déterminations) se trouve avec l'entendement et son usage empirique, avec la faculté de juger empirique et avec la raison (dans son appli-

cation à l'expérience). C'est précisément pour cela que les principes de la modalité ne sont rien de plus que les définitions des concepts de possibilité, réalité et nécessité dans leur usage empirique et, du même coup, les restrictions de toutes les catégories à l'usage simplement empirique, sans admettre ni permettre leur usage transcendantal. En effet pour que ces catégories n'aient pas une valeur simplement logique et ne soient pas la simple expression analytique de la forme de la *pensée*, mais concernent les *choses*, leur possibilité, leur réalité, leur nécessité, il faut qu'elles s'appliquent à l'expérience possible et à son unité synthétique, dans laquelle seuls sont donnés les objets de la connaissance ». - Ak., XXIV, p. 935 : « En ce qui concerne la modalité des jugements, les Anciens ne se sont pas montrés si précis que nous dans leur division : ils appelaient modalité tout concept de liaison. Par exemple : Le monde existe de façon nécessaire ; pour eux, la modalité c'était l'expression : de façon nécessaire. Mais la Logique peut-elle bien juger si une chose existe de façon nécessaire ou non ? Nullement car elle n'a pas du tout affaire aux choses et à leur nécessité. Elle peut donc seulement demander si un jugement est exprimé avec une nécessité ou non ».

78. *Grundsatz* et *Prinzip*. Si les deux termes peuvent être employés indifféremment par la Logique générale, il arrive que la Logique transcendantale attache une grande importance à leur distinction. C'est que « le mot de *principe* est ambigu et ne signifie communément qu'une connaissance qui peut être employée comme principe (Prinzip), encore qu'elle ne soit nullement un *principium* si on la considère en elle-même et dans son origine. Toute proposition universelle, lors même qu'elle est tirée de l'expérience (par induction) peut servir de majeure dans un syllogisme, mais elle n'est pas pour cela en elle-même un *principium*. Les axiomes mathématiques (par exemple : entre deux points, il ne peut y avoir qu'une droite) sont bien des connaissances universelles *a priori* et c'est à bon droit qu'on peut les appeler principes relativement aux cas qui peuvent y être subsumés. Mais je ne peux cependant pas dire que je connais à partir de principes cette propriété des lignes droites en général et en elles-mêmes, car je ne la connais au contraire que dans l'intuition. - Par suite, j'appelerai : connaissance à partir de principes, celle où je connais par concepts le particulier dans l'universel. C'est ainsi que tout raisonnement de la raison (syllogisme) est une forme de la dérivation d'une connaissance à partir d'un principe. Or, comme toute connaissance universelle peut servir de majeure dans un syllogisme et que l'entendement fournit *a priori* de telles propositions univer-

selles, celles-ci peuvent être appelées principes, eu égard à l'emploi que l'on peut en faire. - Mais si nous considérons ces principes <Grundsätze> de l'entendement pur en eux-mêmes selon leur origine, ils ne sont rien moins que des connaissances à partir de concepts. En effet, ils ne seraient même pas possibles *a priori* sans recours à l'intuition pure (en mathématiques) ou aux conditions d'une expérience possible en général. Que tout ce qui arrive a une cause, on ne peut pas du tout le conclure du concept de ce qui arrive en général ; bien plutôt c'est le principe qui montre comment s'y prendre pour parvenir à un concept d'expérience déterminé de ce qui arrive. - L'entendement ne peut donc pas du tout procurer des connaissances synthétiques par concepts ; or ce sont ces connaissances que je nomme principes <Prinzipien> de façon absolue, bien que de façon relative toutes les propositions universelles en général puissent être appelées principes ». (K.R.V., A, 300-301, p. 255-6). Le § 17 de la Déduction transcendantale de la deuxième édition de la K.R.V., B 136, p. 114, est intitulé : « Le principe <Grundsatz> de l'unité synthétique de l'aperception est le principe suprême <oberste Prinzip> de tout l'usage de l'entendement », et l'on peut y lire (B 138, p. 116) : « Mais ce principe <Grundsatz> n'est cependant pas un principe <Prinzip> pour tout entendement possible en général; il ne l'est que pour celui dont l'aperception pure dans la représentation : Je suis, ne donne encore aucun divers. Un entendement qui serait tel qu'il lui suffise de prendre conscience de lui-même pour que du coup soit donné le divers de l'intuition, un entendement dont la seule représentation donnerait en même temps l'existence aux objets de cette représentation, n'aurait pas besoin d'un acte spécial de la synthèse du divers pour l'unité de la conscience dont a besoin l'entendement humain qui pense simplement, mais n'intuitionne pas. Mais pour l'entendement humain, ce principe est inévitablement le premier principe <erste Grundsatz> en sorte qu'il ne peut se faire le moindre concept d'un autre entendement possible, soit d'un entendement qui serait lui-même capable d'intuition, soit d'un entendement qui prendrait appui sur une intuition sensible, mais d'une tout autre espèce que celle qui se manifeste dans l'espace et dans le temps », voir également le texte du § 19, cité dans la note 73 ci-dessus, ainsi que celui que cite la note 79 ci-dessous.

79. La notion d'*axiome*. K.R.V., A 732, p. 504 : « Les axiomes sont des principes <Grundsätze> synthétiques *a priori* qui sont immédiatement certains. Or un concept ne se laisse pas unir à l'autre de façon synthétique et cependant immédiate parce que, pour que nous

puissions sortir d'un concept, une tierce connaissance médiatrice est
nécessaire. Or la philosophie étant simplement la connaissance rationnelle par concepts, on ne saurait y rencontrer aucun principe qui
mérite le nom d'axiome. Au contraire, la mathématique peut avoir des
axiomes puisque, grâce à la construction des concepts dans l'intuition
de l'objet, elle peut lier *a priori* et de façon immédiate les prédicats
de cet objet, par exemple : que trois points sont toujours dans un
plan... Il est vrai que dans l'Analytique, j'ai également fait figurer
dans la table des principes de l'entendement pur, certains axiomes
de l'intuition; mais le principe <Grundsatz> que j'ai allégué en cet
endroit n'était pas lui-même un axiome, mais servait seulement à
procurer le principe <Prinzipium> de la possibilité des axiomes en
général et n'était lui-même qu'un principe <Grundsatz> provenant
de concepts. Car même la possibilité des mathématiques doit être
montrée dans la philosophie transcendantale ».

80. La notion de *synthétique* - voir en particulier la Réponse à
Eberhard, section II - « Le terme de synthèse exprime clairement
qu'au concept donné quelque autre chose doit s'ajouter comme substrat
qui me permette de m'élever avec mes prédicats au-dessus de ce
concept ».

81. La notion de *postulat*, K.R.V., A 232-233, p. 211-212 : « Je me
refuse à prendre ici ce terme dans le sens que quelques auteurs
philosophiques modernes lui ont donné, contrairement au sens que
lui accordent les mathématiciens auxquels il appartient en propre, en
prétendant que postuler revient à avancer une proposition comme
immédiatement certaine, sans justification ni preuve... Les principes
de la modalité [que Kant nomme : postulats de la pensée empirique]
n'énoncent rien d'autre relativement à un concept que l'action du
pouvoir de connaître par lequel il est produit. Or en mathématique on
appelle postulat la proposition pratique qui ne contient rien d'autre
que la synthèse par laquelle nous commençons par nous donner un
objet et en produisons le concept, par exemple décrire avec une
ligne donnée et d'un point donné un cercle sur une surface. Une
proposition de ce genre ne peut être démontrée puisque le procédé qu'elle exige est précisément celui qui nous permet de commencer par produire le concept d'une telle figure ». - Les postulats de la
raison pratique : K.P.V., préface, note, p. 19 : « L'expression de
postulat de la raison pratique pourrait être l'occasion d'une méprise...
si l'on en confondait la signification avec celle des postulats de la
mathématique pure, qui implique la certitude apodictique. Ces
derniers postulent la *possibilité d'une action* dont on a préalable-

ment reconnu *a priori* de façon théorique avec une entière certitude que son objet est possible. Alors que celui de la raison pratique postule la possibilité d'un *objet* (Dieu et l'immortalité de l'âme) à partir de lois pratiques apodictiques, donc uniquement au profit d'une raison pratique ; en effet cette certitude de la possibilité postulée n'est nullement théorique ; par suite elle n'est pas non plus apodictique, c'est-à-dire que ce n'est pas une certitude connue au point de vue de l'objet ; c'est une supposition nécessaire au point de vue du sujet, qui lui permet d'observer ses lois objectives, mais pratiques ; c'est donc simplement une hypothèse nécessaire. Pour cette nécessité de raison qui, pour être subjective, n'en est pas moins véritable et absolue, je n'ai pas trouvé de meilleure expression ». - Annonce de la proche conclusion d'un traité de paix perpétuelle, I, B, note, Ak., VIII, p. 418, trad. p. 119 : « Un postulat est un impératif pratique dont la possibilité n'est pas explicable (donc pas démontrable non plus). On ne postule donc pas des choses, ou de façon générale l'existence de quelque objet, mais seulement une maxime (règle) de l'action d'un sujet ».

82. Jugement de *perception* et jugement *d'expérience*, Prolégomènes, § 18-20.

82. Raisonnements *médiats* et *immédiats*, K.R.V., A 303, p. 256-257 : « On fait une distinction entre ce qui est connu de façon immédiate et ce qui n'est que conclu. Que dans une figure limitée par trois lignes droites il y ait trois angles, on le connaît de façon immédiate ; mais que la somme de ces angles soit égale à deux droits, on ne peut que le conclure. Du fait que nous avons constamment besoin de raisonner et que, de ce fait, nous y sommes à la longue tout a fait accoutumés, nous finissons par ne plus remarquer cette différence et bien souvent, par exemple dans ce que l'on appelle les illusions des sens, nous tenons pour immédiatement perçu ce que nous n'avons cependant fait que conclure. Dans tout raisonnement il y a une proposition qui sert de fondement et une autre, la conclusion qui en est tirée, enfin l'inférence (la conséquence) selon laquelle la vérité de la seconde est liée indissolublement à celle de la première. Si le jugement conclu est déjà contenu dans le premier de telle sorte qu'il en puisse être dérivé sans la médiation d'une troisième représentation, le raisonnement est dit immédiat *(consequentia immediata)* ; je préférerais le nommer raisonnement d'entendement. Mais si, outre la connaissance qui sert de fondement, il est encore besoin d'un autre jugement pour produire la conclusion, le raisonnement s'appelle alors syllogisme (raisonnement de raison). Dans la proposition : Tous les

hommes sont mortels, sont impliquées les propositions : quelques hommes sont mortels, quelques mortels sont hommes, rien de ce qui est immortel n'est homme, et ainsi ces propositions sont des conséquences immédiates de la première. Au contraire, cette proposition : tous les savants sont mortels n'est pas renfermée dans le jugement en question (car le concept de savants ne s'y trouve nullement) et elle n'en peut être conclue que par la médiation d'un jugement intermédiaire ».

Voici quelques-uns des exemples que Kant utilisait dans ses cours pour illustrer les paragraphes qui suivent concernant les raisonnements. (Nous relevons la plupart dans la Logik Pölitz, Ak., XXIV, p. 583 sq.).

§ 46 - per judicia subalternata :   tous les hommes sont mortels, donc quelques hommes sont mortels.

§ 47 - per judicia opposita   :   quelques hommes sont savants, il y a quelques hommes non-savants.

§ 48 -   *a*) contradictorie   :   tous les hommes sont mortels, quelques hommes sont non-mortels.

§ 49 -   *b*) contrarie   :   tous les hommes sont savants, tous les hommes sont non-savants.

§ 50 -   *c*) subcontrarie   :   quelques hommes sont savants, quelques hommes sont non-savants.

§ 51-52 - per judicia conversa :   *a*) per accidens : tous les hommes sont mortels, donc quelques mortels sont hommes.

    b) simpliciter talis : aucun homme n'est sans péché, donc rien de ce qui est sans péché n'est homme.

§ 54 - per judicia contraposita :   tous les hommes sont mortels, ce qui n'est pas mortel n'est pas homme.

§ 63 - Principes des syllogismes catégoriques :

    a) nota rei ipsius   :   tout composé est divisible, tous les corps sont composés, donc tous les corps sont divisibles.

b) repugnans rei ipsi : rien de ce qui est composé n'est un être pensant,
tous les corps sont composés,
donc il n'y a aucun corps qui soit un être pensant.

Remarque : Dictum de omni : quidquid valet de genere aut specie valet etiam de omnibus individuis in genere aut specie contentis.

Dictum de nullo : quidquid repugnat generi aut speciei repugnat etiam omnibus individuis in genere aut specie contentis.

Fausse subtilité des quatre figures syllogistiques, § 2 : « *Le Dictum de omni*, principe suprême de tous les syllogismes affirmatifs, s'énonce ainsi : ce qui est affirmé universellement d'un concept est également affirmé de tout ce qui est contenu sous lui. La raison probante en est claire : ce concept sous lequel d'autres choses sont contenues a toujours été isolé comme un caractère de ces choses ; or ce qui convient à ce concept, c'est un caractère d'un caractère, par suite également un caractère des choses elles-mêmes, dont il a été isolé, c'est-à-dire qu'il convient aux dernières choses <niedrigen - infimae> qui sont contenues sous lui ».

84. De façon générale, se reporter à l'opuscule : La fausse subtilité des quatre figures syllogistiques (1763) - voir également le texte de K.R.V., § 19, B 141, p. 119 cité ci-dessus à la fin de la note 73.

85. Sur la *quatrième figure*, voir Fausse subtilité, section IV ; on pourra également consulter le Vocabulaire de la philosophie de Lalande, 5e éd., 1947, Appendice sur la notion de figure, p. 1219 et suivantes - I. M. Bochenski, Ancient formal Logic, 1957, p. 45, remarque : « En fait [Aristote] a la quatrième figure sous la forme (I) = M.P, S-M, P-S (cf. Premiers Analytiques : A, 7, 29a, 19-27 ; B, 1, 53a, 9-12), car si en (I′) nous échangeons S et P et si nous ne nous occupons pas de l'ordre des prémisses, nous obtenons précisément la quatrième figure. Mais Aristote ne considérait pas (I′) comme une figure distincte et traitait le syllogisme de cette forme comme s'il appartenait à la première figure » - On trouvera des exemples illustrant les diverses figures dans Fausse subtilité, section IV - Voici ceux qui dans les Leçons illustraient le tableau du § 68, p. 137 :

Première figure	:	Aucun composé n'est une substance pensante.
		Tous les corps sont composés,
		Aucun corps n'est une substance pensante.

Deuxième figure	:	Aucun être pensant n'est composé,
		Tous les corps sont composés,
		Aucun corps n'est un être pensant.

Troisième figure	:	Tous les hommes sont imparfaits,
		Quelques hommes sont vertueux
		Quelques vertueux sont imparfaits.

Quatrième figure	:	Tout esprit est une substance,
		Toute substance a la force d'agir,
		Quelque chose qui a une force d'agir est un esprit.

Autre exemple	:	Tout ce qui a une force d'agir est esprit,
		Tout esprit est substance,
		Toute substance a la force d'agir,

§ 79 - Exemple de		Si ce monde n'est pas le meilleur, c'est ou bien
dilemme	:	que Dieu n'a pas pu
		ou bien qu'il n'a pas voulu en créer de meilleur,
		Or il a pu, car il est tout puissant
		il a voulu, car il est infiniment bon.
		Donc...

| § 80 - Syllogisme cryptique | : | l'âme, puisqu'elle est simple, est impérissable. |

| Enthymème | : | tous les hommes peuvent se tromper, donc moi. |

86. Faculté de juger *déterminante* et *réfléchissante*, K.U., Introduction IV, et première Introduction, V (trad., p. 32 sq.).

87. *L'analogie* « ne signifie pas, comme on l'entend d'ordinaire une ressemblance imparfaite entre deux choses, mais une ressemblance parfaite de deux rapports entre des choses tout à fait dissemblables - Ainsi il y a une analogie entre le rapport juridique d'actions humaines et le rapport mécanique des forces motrices : je ne puis en aucun cas faire quelque chose contre autrui sans lui donner un droit d'en faire autant contre moi dans les mêmes conditions ; exactement comme un corps ne peut agir sur un autre avec sa force motrice, sans être, par là-même, cause que l'autre réagisse sur lui dans la même mesure. Dans ce cas, droit et force motrice sont choses entièrement dissemblables, mais il y a pourtant une parfaite ressemblance dans leur rapport. Grâce à une analogie de ce genre, je puis donc donner un

concept du rapport qu'entretiennent des choses qui me sont absolument inconnues. Par exemple, ce que la promotion du bonheur des enfants = a, est à l'amour que les parents leur portent = b, la prospérité du genre humain = c, l'est à cette inconnue = x en Dieu que nous appelons amour divin ; non que ce dernier ait la moindre ressemblance avec une inclination humaine quelconque, mais nous pouvons poser son rapport au monde comme semblable à celui que les choses du monde entretiennent entre elles. Ici le concept de relation est une simple catégorie, le concept de cause, qui ne doit rien à la sensibilité » - Prolégomènes, § 58 - « De deux choses hétérogènes on peut assurément, précisément sur le point de leur hétérogénéité, penser <denken> l'une d'elle par analogie avec l'autre ; mais à partir de ce en quoi elles sont hétérogènes on ne peut pas *conclure* <schliessen>, c'est-à-dire transférer à l'autre ce caractère de la différence spécifique. Ainsi, par analogie avec la loi de l'égalité de l'action et de la réaction dans l'attraction et la répulsion réciproque des corps entre eux, je puis également penser la communauté des membres d'une république selon les règles du droit, mais ces déterminations spécifiques que sont l'attraction et la répulsion matérielles, je ne puis les transférer à cette communauté ni les attribuer aux citoyens pour constituer un système qui se nomme : État » - Note : « L'analogie (en un sens qualitatif), c'est l'identité du rapport entre principes et conséquences (causes et effets) dans la mesure où elle a lieu malgré la différence spécifique que les choses ou leurs propriétés présentent en elles-mêmes (c'est-à-dire quand on les considère indépendamment de ce rapport) et qui contiennent le principe de différences semblables. Ainsi pour les activités techniques des animaux, par comparaison avec celles de l'homme, nous concevons le principe - que nous ne connaissons pas - de ces actions chez les premiers comme semblable au principe des actions de l'homme (la raison) - que nous connaissons - à titre d'analogon de la raison ; et nous voulons indiquer par là en même temps que le principe du pouvoir technique de l'animal, sous le nom d'instinct, en fait spécifiquement différent de la raison, comporte cependant un rapport semblable à son effet (la construction du castor comparée avec celle des hommes). Mais de ce que l'homme use de sa raison pour construire, je ne puis en conclure que le castor possède une telle raison et appeler cela un *raisonnement* par analogie. En revanche, à partir d'un mode d'activité semblable des animaux (dont nous ne pouvons percevoir le principe de façon immédiate) comparé avec celui des hommes (dont nous avons une conscience immédiate), nous pouvons conclure tout à fait correctement *par analogie* que les animaux aussi agissent selon des représentations (qu'ils ne sont pas des machines comme le prétend Descartes) et que, malgré leur différence spécifique, ils sont quant au genre (à titre d'êtres vivants) identiques à l'homme. Le principe de la légitimité d'une telle conclusion réside dans l'identité de la raison de compter dans un même genre les animaux et l'homme en tant qu'homme relativement à la détermination en question pour autant que nous les comparons de l'extérieur entre eux dans leurs activités. Il y a *par ratio*. De même la causalité de la cause suprême du monde, si je compare ceux de ses produits dans le monde qui sont conformes à la finalité avec les œuvres d'art de l'homme, je puis la concevoir par analogie avec un entendement ; mais je ne puis *conclure* par analogie à telles propriétés en ce dernier, car ici le principe de la possibilité d'un tel mode de raisonnement fait précisément défaut, je veux dire la *paritas rationis*, pour compter dans une seule et même espèce l'être suprême et l'homme (au point de vue de leur causalité respective). La causalité des êtres du monde qui est toujours conditionnée de façon sensible (tel est le cas de celle de l'entendement) ne peut être transférée à un être qui n'a en commun avec eux d'autre concept générique que celui d'une chose en général », K.U., § 90 (2).

88. *Prosyllogismes* et *épisyllogismes*, K.R.V., A 331, p. 271-272.

89. *Paralogisme* - K.R.V., A 339 sq., p. 277-278 - Au § 90, exemple de *sophisma figurae dictionis* : un philosophe est une espèce d'érudit, Leibniz est un philosophe, donc il est une espèce d'érudit (voir en outre : K.R.V., B 411, p. 291) ; exemple de *fallacia a dicto...* : qui dit que tu es un animal dit la vérité ; or qui dit que tu es un âne dit que tu es un animal, donc celui qui dit que tu es un âne dit la vérité - *Sophisma heterozeteseos* : quand on ne répond pas à la question à laquelle on doit répondre mais à une autre - *Sophisma ignorationis elenchi* : quand on ne réfute pas ce que l'on doit réfuter, c'est-à-dire ce que l'autre veut dire, mais ce que l'on croit que l'autre veut dire (Ak., XXIV, p. 595).

90. Voir la note précédente K.R.V., B 411, p. 291 et la note : dans le syllogisme de la psychologie rationnelle, « la conclusion est obtenue *per sophisma figurae dictionis*, donc par un raisonnement captieux » (paralogisme), car : « la pensée est prise dans les deux prémisses en des sens totalement différents ».

91. *Méthode* et *manière*. K.U., § 49, fin : « Il y a de façon générale, deux façons *(modus)* d'agencer l'exposé de ses pensées, dont l'une s'appelle une *manière (modus aestheticus)* et l'autre une *méthode (modus logicus)* ; elles se distinguent l'une de l'autre en ceci que la première n'a d'autre étalon que le *sentiment* de l'unité dans la repré-

sentation, tandis que l'autre y suit des *principes* déterminés ; ainsi seule la première vaut pour les beaux-arts. S'il arrive qu'on dise d'une œuvre d'art qu'elle est *maniérée*, c'est seulement dans le cas où l'exposé de son Idée vise à la singularité au lieu de s'approprier à l'Idée... *Être maniéré* est une espèce de singerie : de façon générale, uniquement *se singulariser* (faire l'original), pour prendre le plus possible ses distances à l'égard des imitateurs, sans posséder pour autant le talent qui permettrait du même coup d'être exemplaire ». - K.P.V., Méthodologie, début : « La connaissance populaire a besoin d'une *manière*, mais la science a besoin d'une *méthode*, c'est-à-dire d'un procédé *selon les principes* de la raison, car c'est seulement ainsi que le divers d'une connaissance peut devenir *système* ». - Sur la méthode, voir également : Dissertation de 1770, § 23 ; K.R.V., A 855, p. 570 : « Seul mérite le nom de méthode le procédé qui se conforme à des principes » - Réflexion 5061 : « Toute considération sur la méthode est le plus important d'une science ».

92. Les *définitions*, K.R.V., A 727 sq., p. 501 sq. : « *Définir* comme l'expression même l'indique, ne signifie proprement que : exposer de façon originaire le concept explicite d'une chose à l'intérieur de ses limites. [Une note commente ces termes : *explicite* = clarté et suffisance des caractères ; *limites* = la précision = qu'il n'y ait pas plus de caractères que n'en compte le concept explicite ; *originaire* = que cette détermination de limites ne soit pas dérivée d'ailleurs et n'exige donc pas encore une preuve, ce qui interdirait à la prétendue définition de venir en tête de tous les jugements sur un objet]. Dans ces conditions un concept empirique ne peut pas être défini : il ne peut être qu'*expliqué* <expliziert>... dans ce cas, le mot, avec le peu de caractères qui s'y attache, ne constituera qu'une *désignation* <Bezeichnung> et non un concept de la chose, et la prétendue définition n'est donc rien d'autre qu'une détermination de mot. En second lieu on ne peut non plus, à précisément parler, définir aucun concept donné *a priori*... Au lieu du mot : définition, je préférerais employer celui d'*exposition* <Exposition>... Il ne reste donc plus que les concepts arbitrairement pensés... Si le concept repose sur des conditions empiriques... la définition est plutôt la *déclaration* de mon projet que la définition d'un objet. Il ne reste donc pas d'autres concepts susceptibles de définition que ceux qui renferment une synthèse arbitraire pouvant être construite *a priori* et par conséquent, il n'y que la mathématique qui ait des définitions... La langue allemande n'a pour rendre les expressions : exposition, explication, déclaration et définition que le mot : *Erklärung ;* aussi devons-nous déjà quelque peu relâcher la stricte exigence qui nous ferait refuser aux explications <Erklärungen> philosophiques

le titre de définitions et nous limiterons par conséquent toute cette remarque à ceci : les définitions philosophiques sont seulement des expositions de concepts donnés, tandis que les définitions mathématiques sont des constructions de concepts originairement formés ; les premières ne sont produites que de manière analytique, par une décomposition dont l'intégralité n'est pas apodictiquement certaine ; les secondes de manière synthétique : elles constituent le concept lui-même, alors que les premières ne font que *l'expliquer* ».

93. La *construction*, K.R.V., A 713, p. 493 : « *Construire* un concept veut dire présenter <darstellen> *a priori* l'intuition qui lui correspond. Pour la construction d'un concept, c'est donc une intuition non-empirique qui est exigée ; à titre d'intuition, c'est donc un objet *singulier* ; néanmoins, en tant qu'elle est la construction d'un concept, qui est une représentation générale, il faut qu'elle exprime dans la représentation la validité universelle pour toutes les intuitions possibles relevant de ce concept ». - Progrès de la métaphysique, Ak., XX, 7, p. 235, trad., p. 90 : « Si à un concept l'intuition correspondante peut être conjointe *a priori*, on dit que le concept est *construit* ; si l'intuition n'est qu'empirique, on dit alors qu'il y a seulement un exemple du concept ; l'action d'adjoindre l'intuition au concept s'appelle dans les deux cas : *présentation* (exhibitio - Darstellung) de l'objet ». - Réponse à Eberhard I, note 2, p. 35) : « Afin de garantir de tout abus l'expression de : *construction* de concept, qui revient maintes fois dans la *Critique de la raison pure* et qui lui a permis de distinguer nettement pour la première fois la méthode de la raison en mathématique de sa méthode en philosophie, il y a lieu de faire les remarques suivantes. En un sens on peut nommer construction toute présentation d'un concept par la production (spontanée) d'une intuition correspondante. Si elle est le fait de la simple imagination en conformité à un concept *a priori*, elle est dite pure (telles sont celles sur lesquelles le mathématicien doit fonder toutes ses démonstrations ; c'est pourquoi la figure du cercle, si irrégulière soit-elle, qu'il décrit dans le sable du bout de sa canne, lui permet de démontrer les propriétés d'un cercle aussi parfaitement que si le meilleur des artistes l'avait gravé sur le cuivre). Quand elle est pratiquée dans une matière quelconque, on pourrait l'appeler construction *empirique*. On peut également appeler la première construction *schématique*, la seconde construction *mécanique*. Cette dernière, qui n'est qu'improprement appelée construction (car elle ne relève pas de la science, mais de l'art et elle s'exerce à l'aide d'instruments), est soit *géométrique*, par la règle et le compas, soit *mécanique*, là où d'autres instruments sont nécessaires, par exem-

ple le tracé des sections coniques autres que le cercle ».

94. Le concept *empirique* ne peut être *défini*, K.R.V., A 727, p. 501 : « En effet, comme nous n'avons en lui que quelques caractères d'une certaine espèce d'objets des sens, on n'est jamais sûr si, sous le nom qui désigne le même objet, on ne conçoit pas de ce dernier tantôt plus tantôt moins de caractères. Ainsi dans le concept de l'or, outre le poids, la couleur, la ténacité, l'un peut encore penser la propriété qu'il présente de ne pas rouiller, tandis que l'autre n'en sait rien. On ne se sert de certains caractères qu'aussi longtemps qu'ils suffisent à la distinction ; de nouvelles observations en éliminent et en ajoutent, et ainsi le concept ne se tient jamais dans des limites assurées ». Voir également la note 92.

95. *Trichotomie*, K.V., Introduction, note finale : « On a trouvé suspect que mes divisions en philosophie pure se trouvent presque toujours être tripartites. Mais c'est dans la nature des choses. Si une division doit être faite *a priori*, ou bien elle sera *analytique*, selon le principe de contradiction, et alors elle est toujours bipartite *(quodlibet ens est aut A aut non A)*. Ou elle est *synthétique* et si, dans ce cas, elle doit être effectuée à partir de concepts *a priori* (et non comme dans la mathématique, à partir de l'intuition qui correspond *a priori* au concept), alors, étant donné ce qu'exige l'unité synthétique en général, c'est-à-dire : 1. la condition ; 2. un conditionné ; 3. le concept qui résulte de l'union du conditionné avec sa condition, de toute nécessité, la division doit être une trichotomie ».

96. *Rhapsodique* et *systématique*, K.R.V., A 832, p. 558 : « Sous le gouvernement de la raison, nos connaissances en général ne sauraient former une *rhapsodie*, mais elles doivent constituer un *système*, dans lequel seul elles peuvent soutenir et favoriser les fins essentielles de la raison ». Voir également la note 50.

INDEX DES MATIÈRES

En caractères italiques, les renvois aux définitions.
Les renvois aux notes visent à procurer quelques éléments
d'un lexique kantien.

IDÉE D'UNE LOGIQUE TRANSCENDANTALE

I

De la logique en général

Notre connaissance dérive de deux sources fondamentales de l'esprit, dont la première est la capacité de recevoir des représentations (la réceptivité des impressions), et la seconde, la faculté de connaître un objet au moyen de ces représentations (la spontanéité des concepts). Par la première un objet nous est *donné* ; par la seconde, il est *pensé* dans son rapport à cette représentation (considérée comme simple détermination de l'esprit). Intuition et concepts, tels sont donc les éléments de toute notre connaissance, de telle sorte que ni les concepts sans une intuition qui leur corresponde de quelque manière, ni l'intuition sans les concepts ne peuvent fournir une connaissance. Tous deux sont purs ou empiriques : *empiriques*, lorsque la sensation (qui suppose la présence réelle de l'objet) y est contenue ; *purs*, lorsqu'aucune sensation ne se mêle à la représentation. On peut dire que la sensation est la matière de la connaissance sensible. L'intuition | pure ne contient **B 75** que la forme sous laquelle quelque chose est | perçu ; et le concept **A 51** pur, que la forme de la pensée d'un objet en général. Les intuitions et les concepts purs ne sont possibles qu'*a priori* ; les empiriques ne le sont qu'*a posteriori*.

Nous désignons sous le nom de *sensibilité* la capacité qu'a notre esprit de recevoir des sensations, en tant qu'il est affecté de quelque manière ; par opposition à cette *réceptivité*, la faculté que nous avons de produire nous-mêmes des représentations, ou la *spontanéité* de la connaissance, s'appelle *entendement*. Telle est notre nature que l'intuition ne peut jamais être que sensible, c'est-à-dire contenir autre chose que la manière dont nous sommes affectés par des objets. Au contraire, la faculté de penser l'objet de l'intuition sensible est l'entendement. De ces deux propriétés l'une n'est pas préférable à l'autre. Sans la sensibilité, nul objet ne nous serait donné ; sans l'entendement, nul ne serait pensé. Des pensées sans contenu sont vides ; des intuitions sans concepts sont aveugles. Aussi est-il tout aussi nécessaire de rendre sensibles les concepts (c'est-à-dire d'y joindre un objet donné dans l'intuition), que de rendre intelligibles les intuitions (c'est-à-dire de les ramener à des concepts). Ces deux facultés ou capacités ne sauraient non plus échanger leurs fonctions. L'entendement ne peut rien intuitionner, ni les sens rien penser. La connaissance ne peut B 76 résulter | que de leur union. Il ne faut donc pas confondre leurs A 52 rôles, mais on a grandement raison | de les séparer et de les distinguer avec soin. Aussi distinguons-nous la science des règles de la sensibilité en général, ou l'esthétique, de la science des règles de l'entendement en général, ou de la logique.

La logique à son tour peut être envisagée sous deux points de vue, suivant qu'il s'agit de l'usage de l'entendement en général ou de ses usages particuliers. La logique générale contient les règles absolument nécessaires de la pensée, sans lesquelles il n'y a pas d'usage possible de l'entendement, et par conséquent elle envisage cette faculté indépendamment de la diversité des objets auxquels elle peut s'appliquer. La logique de l'usage particulier de l'entendement contient les règles qui servent à penser exactement sur une certaine espèce d'objets. La première peut être désignée sous le nom de logique élémentaire ; la seconde est l'*organon* de telle ou telle science. Celle-ci est ordinairement présentée dans les écoles, comme la propédeutique des sciences ; mais, dans le développement de la raison humaine, elle ne vient qu'en dernier lieu : on n'y arrive que quand la science est déjà fort avancée et qu'elle n'attend plus que la dernière main pour atteindre le plus haut degré d'exactitude et de perfection. En effet il faut déjà avoir une connaissance assez approfondie des choses pour | être en état **B 77** d'indiquer les règles d'après lesquelles on en peut constituer une science.

La logique générale est ou pure ou appliquée. Dams la logique pure, nous faisons abstraction | de toutes les conditions empiri- **A 53** ques sous lesquelles s'exerce notre entendement, par exemple de l'influence des sens, du jeu de l'imagination, des lois du souvenir, de la puissance de l'habitude, de l'inclination, etc., par conséquent aussi des sources de nos préjugés, et même en général de toutes les causes d'où peuvent dériver pour nous certaines connaissances, vraies ou supposées, parce qu'elles n'ont trait à l'entendement que dans certaines circonstances de son application et que, pour connaître ces circonstances, l'expérience est nécessaire. Une *logique générale* et *pure* ne s'occupe donc que de principes *a priori* ; elle est le *canon de l'entendement* et de la raison, mais seulement par rapport à ce qu'il y a de formel dans leur usage, quel qu'en soit d'ailleurs le contenu (qu'il soit empirique ou transcendantal). La logique *générale* est *appliquée*, lorsqu'elle a pour objet les règles de l'usage de l'entendement sous les conditions subjectives et empiriques que nous enseigne la psychologie. Elle a donc aussi des principes empiriques, bien qu'elle soit générale à ce titre qu'elle considère l'usage de l'entendement sans distinction d'objets. Aussi n'est-elle ni un *canon* de l'entendement en géné- ral, ni un *organum* de sciences | particulières, mais seulement un **B 78** *cathartique* de l'entendement vulgaire.

Il faut donc, dans la logique générale, séparer entièrement la partie qui doit former la théorie pure de la raison de celle qui constitue la logique appliquée (mais | toujours générale). La **A 54** première seule est proprement une science, mais courte et aride, telle, en un mot, que l'exige l'exposition scolastique d'une théorie élémentaire de l'entendement. Dans cette science, les logiciens doivent donc toujours avoir en vue les deux règles suivantes :

1° Comme logique générale, elle fait abstraction de tout le contenu de la connaissance de l'entendement et de la diversité de ses objets, et elle n'a à s'occuper que de la forme de la pensée.

2° Comme logique pure, elle n'a point de principes empiriques ; par conséquent (bien qu'on se persuade parfois le contraire) elle ne tire rien de la psychologie, qui ne saurait avoir aucune influence sur le canon de l'entendement. Elle est une doctrine démontrée, et tout y doit être parfaitement certain *a priori*.

Quant à la logique que j'appelle appliquée (contrairement au sens ordinaire de cette expression, qui désigne certains exercices dont la logique pure fournit la règle), | elle représente l'entendement et les règles de son usage nécessaire considéré *in concreto*, c'est-à-dire en tant qu'il est soumis aux conditions contingentes du sujet, lesquelles peuvent lui être contraires ou favorables et ne sont jamais données qu'empiriquement. Elle traite de l'attention, de ses obstacles et de ses effets, de l'origine de l'erreur, de l'état de doute, de scrupule, de persuasion, etc. Entre la logique générale et pure et elle il y a le même rapport qu'entre la morale pure, | qui contient uniquement les lois morales nécessaires d'une volonté libre en général, et la doctrine de la vertu proprement dite qui examine ces lois par rapport aux obstacles qu'elles rencontrent dans les sentiments, les inclinations et les passions auxquelles les hommes sont plus ou moins soumis. Celle-ci ne saurait jamais former une véritable science, une science démontrée, parce que, comme la logique appliquée, elle a besoin de principes empiriques et psychologiques.

II
De la logique transcendantale

La logique générale fait abstraction, comme nous l'avons indiqué, de tout contenu de la connaissance, c'est-à-dire de toute relation de la connaissance à l'objet, et elle n'envisage que la forme logique des connaissances dans leurs rapports entre elles, c'est-à-dire la forme de la pensée en général. Mais, comme il y a des intuitions pures aussi bien que des intuitions empiriques (ainsi que le prouve l'esthétique transcendantale), on pourrait bien trouver aussi une différence entre une pensée pure et une pensée | empirique des objets. Dans ce cas, il y aurait une logique où l'on ne **B 80** ferait pas abstraction de tout contenu de la connaissance ; car celle qui contiendrait uniquement les règles de la pensée pure d'un objet exclurait toutes ces connaissances dont le contenu serait empirique. Cette logique rechercherait aussi l'origine de nos connaissance des objets, | en tant qu'elle ne peut être attribuée à ces objets **A 56** mêmes, tandis que la logique générale n'a point à s'occuper de cette origine de la connaissance, et qu'elle se borne à examiner nos représentations au point de vue des lois suivant lesquelles l'entendement les emploie et les relie entre elles, lorsqu'il pense. Que ces représentations aient leur origine *a priori* en nous-mêmes, ou qu'elles nous soient données empiriquement, peu lui importe ; elle s'occupe uniquement de la forme que l'entendement peut leur donner, de quelque source d'ailleurs qu'elles puissent dériver.

Je dois faire ici une remarque qui a son importance pour toutes les considérations suivantes, et qu'il ne faut pas perdre de vue : c'est que le mot transcendantal ne convient pas à toute connaissance *a priori*, mais seulement à celle par laquelle nous connaissons que certaines représentations (intuitions ou concepts) ne sont appliquées ou ne sont possibles qu'*a priori*, et comment elles le sont (car cette expression désigne la possibilité de la connaissance ou de son usage *a priori*). Ainsi, ni l'espace, | ni aucune détermi- **B 81** nation géométrique *a priori* de l'espace ne sont des représenta-

tions transcendantales; la connaissance de l'origine non empirique de ces représentations et de la manière dont elles peuvent se
rapporter *a priori* à des objets d'expérience mérite seule d'être
appelée transcendantale. De même, l'application de l'espace à
des objets en général serait transcendantale; mais bornée simple-
A 57 ment aux objets des sens, elle est empirique. La différence | du
transcendantal et de l'empirique n'appartient donc qu'à la critique
des connaissances et ne concerne point le rapport de ces
connaissances à leur objet.

Dans la présomption qu'il y a peut-être des concepts qui se
rapportent *a priori* à des objets, non comme intuitions pures ou
sensibles, mais seulement comme actes de la pensée pure, et qui
par conséquent sont bien des concepts, mais des concepts dont
l'origine n'est ni empirique ni esthétique, nous nous faisons
d'avance l'idée d'une science de l'entendement pur et de la
connaissance rationnelle par laquelle nous pensons des objets tout
à fait *a priori*. Une telle science, qui déterminerait l'origine,
l'étendue et la valeur objective de ces connaissances, devrait
porter le nom de *logique transcendantale*; car, en même temps
qu'elle n'aurait affaire qu'aux lois de l'entendement et de la
B 82 raison, | elle ne se rapporterait qu'à des objets *a priori*, et non,
comme la logique générale, à des connaissances empiriques ou
pures sans distinction.

III
De la division de la logique générale
en Analytique et Dialectique

Qu'est-ce que la vérité? C'est avec cette vieille et fameuse
question que l'on pensait pousser à bout les logiciens, et que l'on
cherchait à les prendre en flagrant délit de diallèle ou à leur faire
A 58 avouer leur ignorance, | et par conséquent la vanité de tout leur art.
La définition de nom qui consiste à dire que la vérité est l'accord

de la connaissance avec son objet, est ici admise et supposée ; mais on veut savoir quel est le critérium général et certain de la vérité de toute connaissance.

C'est déjà une grande et infaillible preuve de sagesse et de lumières que de savoir ce que l'on peut raisonnablement demander. En effet, si la question est absurde en soi et si elle appelle des réponses oiseuses, non seulement elle couvre de honte celui qui la fait, mais elle a aussi parfois l'inconvénient de jeter dans l'absurdité celui qui y répond sans y prendre garde, et de présenter ainsi le ridicule spectacle de deux personnes, dont l'une trait le bouc | (comme disaient les anciens), tandis que l'autre tient le baquet.   **B 83**

Si la vérité consiste dans l'accord d'une connaissance avec son objet, cet objet doit être par là même distingué de tout autre ; car une connaissance contint-elle d'ailleurs des idées applicables à un autre objet, elle est fausse quand elle ne s'accorde pas avec celui auquel elle se rapporte. D'un autre côté, un critérium universel de la vérité devrait être bon pour toutes les connaissances, sans distinction de leurs objets. Mais, puisqu'on y ferait abstraction de tout contenu de la connaissance (du rapport à son objet), et que | la vérité porte justement sur ce contenu, il est clair qu'il est   **A 59** tout à fait impossible et absurde de demander une marque distinctive de la vérité de ce contenu des connaissances, et qu'on ne saurait trouver un signe suffisant à la fois et universel de la vérité. Et, comme le contenu d'une connaissance a été nommé plus haut la matière de cette connaissance, il est juste de dire qu'il n'y a point de critérium universel à chercher pour la vérité de la connaissance de la matière, puisque cela est contradictoire en soi.

Pour ce qui est de la connaissance considérée simplement dans la forme (abstraction faite de tout contenu), il est clair qu'une logique, en exposant les règles universelles et | nécessaires de   **B 84** l'entendement, fournit dans ces règles mêmes des critériums de la vérité. Tout ce qui est contraire à ces règles est faux, puisque l'entendement s'y met en contradiction avec les règles univer-

selles de sa pensée, c'est-à-dire avec lui-même. Mais ces critériums ne concernent que la forme de la vérité, c'est-à-dire de la
pensée en général ; et, s'ils sont à ce titre tout fait exacts, ils ne sont
pas suffisants. En effet, une connaissance a beau être tout à fait
conforme à la forme logique, c'est-à-dire ne pas se contredire elle-
même, il se peut toujours qu'elle ne soit pas d'accord avec l'objet.
Le critérium purement logique de la vérité, à savoir l'accord d'une
connaissance avec les lois universelles et formelles de l'entendement et de la raison est donc bien la condition *sine qua non* et par

A 60 conséquent négative de toute | vérité ; mais la logique ne saurait
aller plus loin, et aucune pierre de touche ne pourrait lui faire
découvrir l'erreur qui n'atteint pas seulement la forme, mais le
contenu.

Or la logique générale décompose toute l'œuvre formelle de
l'entendement et de la raison dans ses éléments, et elle les présente
comme les principes de toute appréciation logique de notre
connaissance. Cette partie de la logique peut donc être nommée
analytique ; et elle est la pierre de touche, du moins négative, de la
vérité, puisqu'il faut d'abord contrôler et juger d'après ses règles
la forme de toute connaissance, avant d'en examiner le contenu

B 85 pour savoir | si, par rapport à l'objet, elle contient quelque vérité
positive. Mais, comme la pure forme de la connaissance, si bien
d'accord qu'elle puisse être avec les lois logiques, ne suffit nullement pour décider de la vérité matérielle (objective) de la connaissance, personne ne peut se hasarder à juger des objets sur la foi de
la logique. Avant d'en affirmer quelque chose, il faut en avoir
trouvé en dehors de la logique des révélations fondées, sauf à en
demander ensuite aux lois logiques l'usage et l'enchaînement au
sein d'un tout systématique, ou, mieux, à les contrôler simplement
d'après ces lois. Cependant, il y a quelque chose de si séduisant
dans la possession de cet art spécieux qui consiste à donner à
toutes nos connaissances la forme de l'entendement, si vide ou si

A 61 | pauvre d'ailleurs qu'en puisse être le contenu, que cette logique générale, qui n'est qu'un *canon* pour le jugement devient en quelque sorte un *organon* dont on se sert pour en tirer réellement, du moins en apparence, des affirmations objectives; mais cet usage n'est dans le fait qu'un abus. La logique générale, prise ainsi pour organon, prend le nom de *dialectique*.

Quelque différente que soit l'idée que les anciens se faisaient de la science et de l'art qu'ils désignaient par ce mot, on peut certainement conclure de l'usage qu'ils faisaient réellement de la dialectique, qu'elle n'était | autre chose pour eux que la *logique de l'apparence*. C'était en effet un art sophistique dont on se servait **B 86** pour donner à son ignorance ou même à ses artifices calculés la couleur de la vérité, de manière à imiter cette méthode de solidité que prescrit la logique en général et à en mettre la topique à contribution pour faire passer les plus vaines allégations. Or c'est une remarque non moins utile que certaine que la logique générale, *considérée comme organon*, est toujours une logique de l'apparence, c'est-à-dire est toujours dialectique. En effet, comme elle ne nous enseigne rien au sujet du contenu de la connaissance, mais qu'elle se borne à exposer les conditions formelles de l'accord de la connaissance avec l'entendement, et que ces conditions sont d'ailleurs tout à fait indifférentes relativement aux objets, la prétention de se servir de cette logique comme d'un instrument (d'un organon) pour élargir et étendre ses connaissances, ou, du moins, en avoir l'air, cette prétention ne peut aboutir qu'à un pur verbiage, par lequel on affirme avec | quelque apparence ou l'on **A 62** nie à son choix tout ce qu'on veut.

Un tel enseignement est tout à fait contraire à la dignité de la philosophie. Aussi, en appliquant ce nom de dialectique à la logique, a-t-on eu raison d'entendre par là une *critique de l'apparence dialectique*; c'est aussi en ce sens que nous nous l'entendrons ici.

IV
De la division de la logique transcendantale
en analytique et dialectique transcendantales

Dans la logique transcendantale, nous isolons l'entendement (comme dans l'esthétique transcendantale nous avons isolé la sensibilité), et nous ne prenons de notre connaissance que la partie de la pensée qui a uniquement son origine dans l'entendement. Mais l'usage de cette connaissance pure suppose cette condition, que des objets auxquels elle puisse s'appliquer nous soient donnés dans l'intuition. En effet, sans intuition, toute notre connaissance manque d'objets, et elle est alors entièrement vide. La partie de la logique transcendantale qui expose les éléments de la connaissance pure de l'entendement et les principes sans lesquels, en général, aucun objet ne peut être pensé, est l'analytique transcendantale; elle est en même temps la logique de la vérité. En effet, aucune connaissance ne peut être en contradiction avec elle sans

A 63 perdre aussitôt tout | contenu, c'est-à-dire tout rapport à quelque objet, par conséquent toute vérité. Mais, comme il est très attrayant de se servir de ces connaissances et de ces principes purs de l'entendement, sans tenir compte de l'expérience, ou même en sortant des limites de l'expérience, qui seule peut nous fournir la

B 88 matière (les objets) | où s'appliquent ces concepts purs, l'esprit court le risque de faire, à l'aide de vains raisonnements, un usage matériel des principes simplement formels de l'entendement pur, et de prononcer indistinctement sur des objets qui ne nous sont pas donnés et qui peut-être ne peuvent l'être d'aucune manière. Si donc la logique ne doit être qu'un canon servant à juger l'usage empirique des concepts de l'entendement, c'est en abuser que de vouloir la faire passer pour l'organon d'un usage universel et illimité, et que de se hasarder avec le seul entendement pur à porter des jugements *synthétiques* sur des objets en général et à prononcer ainsi ou à décider à leur égard. C'est alors que l'usage de l'entendement pur serait dialectique. La seconde partie de la

logique transcendantale doit donc être une critique de cette apparence dialectique ; et, si elle porte le titre de dialectique transcendantale, ce n'est pas comme art de susciter dogmatiquement une
apparence de ce genre (cet art, malheureusement trop répandu, de
la fantasmagorie philosophique), mais comme critique poursuivant l'entendement et la raison dans leur usage hyperphysique,
pour découvrir la fausse apparence | qui couvre leurs vaines A 64
prétentions et pour substituer à cette ambition, qui se flatte de
trouver et d'étendre la connaissance à l'aide de lois transcendantales, un jugement qui se borne à contrôler l'entendement pur
et à le prémunir contre les illusions sophistiques.

Traduction Jules BARNI (revue)

TABLE DES MATIÈRES

Imprimerie de la Manutention à Mayenne – Juin 2007 – N° 95-07
Dépôt légal : 2e trimestre 2007

Imprimé en France